甘阳 主编

文化：中国与世界新论

*

东西之间的"西藏问题"

（外二篇）

汪晖 著

生活·讀書·新知 三联书店

图书在版编目(CIP)数据

东西之间的"西藏问题"(外二篇)/汪晖著. —北京:
生活·读书·新知三联书店,2014.8 (2025.4 重印)
("文化:中国与世界"新论)
ISBN 978 - 7 - 108 - 05036 - 6

Ⅰ. ①东…　Ⅱ. ①汪…　Ⅲ. ①西藏问题-研究-汉、英
Ⅳ. ① D829.12

中国版本图书馆 CIP 数据核字(2014)第 094560 号

责任编辑　冯金红
装帧设计　薛　宇
责任印制　董　欢
出版发行　生活·讀書·新知 三联书店
　　　　　(北京市东城区美术馆东街 22 号 100010)
网　　址　www.sdxjpc.com
经　　销　新华书店
印　　刷　三河市天润建兴印务有限公司
版　　次　2014 年 8 月北京第 1 版
　　　　　2025 年 4 月北京第 2 次印刷
开　　本　880 毫米 × 1092 毫米　1/32　印张 10
字　　数　160 千字
印　　数　6,001 - 9,000 册
定　　价　58.00 元
(印装查询:01064002715;邮购查询:01084010542)

"文化：中国与世界"新论

缘　起

　　百年前，梁启超曾提出"中国之中国"，"亚洲之中国"，以及"世界之中国"的说法。进入 21 世纪以来，关于"世界之中国"或"亚洲之中国"的各种说法益发频频可闻。

　　但所谓"中国"，并不仅仅只是联合国上百个国家中之一"国"，而首先是一大文明母体。韦伯当年从文明母体着眼把全球分为五大历史文明（儒家文明，佛教文明，基督教文明，伊斯兰文明，印度教文明）的理论，引发日后种种"轴心文明"讨论，至今意义重大。事实上，晚清以来放眼看世界的中国人从未把中国与世界的关系简单看成是中国与其他各"国"之间的关系，而总是首先把中国与世界的关系看成是中国文明与其他文明特别是强势西方文明之间的关系。二十年前，我们这一代人创办"文化：中国与世界"系列丛书时，秉承的也是这种从大文明格局看中国与世界关系的视野。

这套新编"文化：中国与世界"论丛，仍然承继这种从文明格局看中国与世界的视野。我们以为，这种文明论的立场今天不但没有过时，反而更加迫切了，因为全球化绝不意味着将消解所有历史文明之间的差异，绝不意味着走向无分殊的全球一体化文明，恰恰相反，全球化的过程实际更加突出了不同人民的"文明属性"。正是在全球化加速的时候，有关文明、文化、民族、族群等的讨论日益成为全球各地最突出的共同话题，既有所谓"文明冲突论"的出场，更有种种"文明对话论"的主张。而晚近以来"软实力"概念的普遍流行，更使世界各国都已日益明确地把文明潜力和文化创造力置于发展战略的核心。说到底，真正的大国崛起，必然是一个文化大国的崛起；只有具备深厚文明潜力的国家才有作为大国崛起的资格和条件。

哈佛大学的张光直教授曾经预言：人文社会科学的21世纪应该是中国的世纪。今日中国学术文化之现状无疑仍离这个期盼甚远，但我们不必妄自菲薄，而应看到这个预言的理据所在。这个理据就是张光直所说中国文明积累了一笔最庞大的文化本钱，如他引用 Arthur Wright 的话所言："全球上没有任何民族有像中华民族那样庞大的对他们过去历史的记录。二千五百年的正史里所记录下来的个别事件的总额是无法计算的。要将二十五史翻成英文，需要四千五百万个单词，而这还只代表那整个记录中的一小部分。"按张光直的看法，这笔庞大的文化资本，尚未被现代中国人好好利用过，因为近百年来的中国人基本是用西方一时一地的理论和观点去看世界，甚至想当然地以为西方的理论观点都具有普遍性。但是，一旦"我们跳出一切成见的圈子"，倒转过来以中国文明的历史视野去看世界，那么中国文明积累的这笔庞大文化资本就会发挥出其巨大潜力。

诚如张光直先生所言，要把中国文明的这种潜力发挥出来，我们需要同时做三件事，一是深入研究中国文明，二是尽量了解学习世界史，三是深入了解各种西方人文社会科学理论，有了这三个条件我们才能知所辨别。做这些工作都需要长时间，深功夫，需要每人从具体问题着手，同时又要求打破专业的壁垒而形成张光直提倡的"不是专业而是通业"的研究格局。这套丛书即希望能朝这种"通业研究"的方向作些努力。我们希望这里的每种书能以较小的篇幅来展开一些有意义的新观念、新思想、新问题，同时丛书作为整体则能打破学科专业的篱笆，沟通中学与西学、传统与现代、人文学与社会科学，着重在问题意识上共同体现"重新认识中国，重新认识西方，重新认识古典，重新认识现代"的努力。

之所以要强调"重新认识"，是因为我们以往形成的对西方的看法，以及根据这种对西方的看法而又反过来形成的对中国的看法，有许多都有必要加以重新检讨，其中有些观念早已根深蒂固而且流传极广，但事实上却未必正确甚至根本错误。这方面的例子可以举出很多。例如，就美术而言，上世纪初康有为、陈独秀提倡的"美术革命"曾对20世纪的中国美术发生很大的影响，但他们把西方美术归结为"写实主义"，并据此认为中国传统美术因为不能"写实"已经死亡，而中国现代美术的方向就是要学西方美术的"写实主义"，所有这些都一方面是对西方美术的误解，另一方面则是对中国现代美术的误导。在文学方面，胡适力图引进西方科学实证方法强调对文本的考证诚然有其贡献，但却也常常把中国古典文学的研究引入死胡同中，尤其胡适顽固反对以中国传统儒道佛的观点来解读中国古典文学的立场更是大错。例如他说"《西游记》被三四百年来的无数道士和尚秀才弄坏了",认为儒道佛的"这些解说都是《西游记》的大敌",但正如《西游记》英译者余国藩教授所指出,胡适排斥儒道佛现在恰恰成了反讽,因为欧美日本中国现在对《西游记》的所有研究成果可以概观地视为对胡适观点的驳斥,事实上,"和尚,道士和秀才对《西游记》的了解,也许比胡适之博士更透彻,更深刻!"

同样,我们对西方的了解认识仍然远远不够。这里一个重要问题是西方人对自己的看法本身就在不断变化和调整中。例如,美国人曾一度认为美国只有自由主义而没有保守主义,但这种看法早已被证明乃根本错误,因为近几十年来美国的最大变化恰恰是保守主义压倒自由主义成了美国的主流意识形态,这种具有广泛民众基础而且有强烈民粹主义和反智主义倾向的美国保守主义,几乎超出所有主流西方知识界的预料,从而实际使许多西方理论在西方本身就已黯然失色。例如西方社会科学的基本预设之一是所谓"现代化必然世俗化",但这个看法现在已经难以成立,因为正如西方学界普遍承认,无论"世俗化"的定义如何修正,都难以解释美国今天百分之九十以上的人自称相信宗教奇迹、相信上帝的最后审判这种典型宗教社会的现象。晚近三十年来是西方思想变动最大的时期，其变动的激烈程度只有西方17世纪现代思想转型期可以相比，这种变动导致几乎所有的问题都在被重新讨论，所有的基本概念都在重新修正，例如什么是哲学，什么是文学，什么是艺术，今天都已不再有自明的答案。但另一方面，与保守主义的崛起有关，西方特别美国现在日益呈现知识精英与社会大众背道而驰的突出现象：知识精英的理论越来越前卫，但普通民众的心态却越来越保守，这种基本矛盾已经成为西方主流知识界的巨大焦虑。如何看待西方社会和思想的这种深刻变化，乃是中国学界面临的重大课题。但有一点可以肯定：今天我们已经必须从根本上拒斥简单的"拿来主义"，因为这样的"拿来主义"只能是文化不成熟、文明不独立的表现。中国思想学术文化成熟的标志在于中国文明主体性之独立立场的日渐成熟，这种立场将促使中国学人以自己的头脑去研究、分析、判断西方的各种理论，拒绝人云亦云，拒绝跟风赶时髦。

黑格尔曾说，中国是一切例外的例外。近百年来我们过于迫切地想把自己纳入这样那样的普遍性模式，实际忽视了中国文明的独特性。同时，我们以过于急功近利的实用心态去了解学习西方文明，也往往妨碍了我们更深刻地理解西方文明内部的复杂性和多样性。21世纪的中国人应该已经有条件以更为从容不迫的心态、更为雍容大气的胸襟去重新认识中国与世界。

承三联书店雅意，这套新编论丛仍沿用"文化：中国与世界"之名，以示二十年来学术文化努力的延续性。我们相信，"文化"这个概念正在重新成为中国人的基本关切。

甘　阳

2007 年中秋于杭州

目 录

序

石　硕

今年7月我在昆明参加国际人类学民族学大会期间，汪晖先生发给我一篇约五万字的长文，让我提提意见。文章是我回成都后才看到的。我用数天时间仔细拜读了全文，文章分析问题的广度、深度和独特视野引发我诸多的思考，我将自己的感受和一些不成熟意见告诉了汪晖先生，同时出于某种冲动，未征得汪晖先生同意我也将此文转发给藏学界的几位朋友，想听听他们的意见。现在，呈现在读者面前的这本篇幅不大的书，就是以汪晖先生当初发给我的长文为主干，外加作者两篇看似无关而实有密切内在关联的论文所组成。

作为此书雏形的一名先睹者，我有一愿望，恰如我最初读到它就禁不住发给藏学界朋友分享一样，这就是向从事藏学研究及涉藏工作的人士，向一切关心西藏现实与未来的人士推荐此书，希望人们不妨读一读这本并非出自藏学专业人士但却能带给我们新的视野和诸多思考的书。我认为，这本凝聚了汪晖先生近年对西藏问题的思考与探索的书，代表了一种新的趋向，即从去年拉萨"3·14"事件以来对西藏问题的研究与探索已渐渐超越专业的藏学领域，一些学术造诣颇深的思想界、理论界学者也开始加入到探索和研究藏事的行列。汪晖先生的此书，可谓此趋向的一个代表作。

我所以推崇此书，缘于它带给我的颇具广度和深度的思考。该书有两个基本维度。一是将"西藏问题"放在东、西方之间作了深远而实证的考察，从赫尔德、康德、黑格尔等人追溯和分析西方"西藏观"的缘起、演变及其中所包含的想象和偏见成分，同时也从中国古代王朝向近代民族国家及殖民化转变过程的角度分析西藏在近代中国边疆民族格局中的地位变化和特点，从而对东、西方不同文化背景及视野下的"西藏问题"之来龙去脉及其复杂内涵作了系统的梳理和阐释。特别值得肯定的是，汪晖先生将东、西之间的"西藏问题"置于中国近代被西方列强殖民化的过程中详加分析，指出今天东、西方之间有关"西藏问题"的观点、立场差异实际上很大程度是根植于那一特定时期的利益纠葛与历史情结。在这方面，本书所收另两篇论文《琉球与区域秩序的两次巨变》、《跨体系社会与区域作为方法》为此提供了有力的佐证和更深刻的历史背景。尽管我本人阅读有限，但必须承认，这确是我目前所见对东、西之间"西藏问题"历史脉络的最具学术力度的分析考察。这一分析考察，对人们从更全面、客观的学术角度，特别是历史地看待和理解东、西方之间在"西藏问题"上的分歧，无疑大有裨益。

本书的第二个维度，是从民族区域自治制度与民族政策层面，从改革开放以来市场化所导致的社会结构变化、社会流动加剧等角度，对西藏的现实状况及发展中出现的各种矛盾、冲突作了比较深入的解剖与分析，提出了许多独到的见解和认识路径，给人以诸多启发和思考。需要指出，汪晖先生对西藏现实状况的分析完全是学理层面的，是从一个学者的角度进行的探讨，而非政治的层面，但或许正因为如此，该书的分析角度和所得出的看法更值得我们的思考和重视。

在去年拉萨"3·14"事件以及奥运火炬传递风波后，我曾听到一种来自西方学者的声音：为何中国知识界和学者甚少对西藏问题发表个人见解？这个批评很值得我们深思。不可否认，就国家立场而言，今天的存在于东、西方之间的"西藏问题"确有鲜明的政治性，关乎中国的核心利益，但这同从学术层面对此进行探讨和研究并不矛盾和冲突，恰好相反，倘若中国学术界有更多学者能从不同的学科领域和视角来讨论西藏的问题，并以此同西方学者展开对话，何尝不是一件积极并于各方均有益的事情。汪晖先生此书正是一本可与西方学术界进行对话的书。我曾建议汪晖先生将《东西之间的"西藏问题"》一文尤其是其中分析西方"西藏观"缘起、演变及其中所包含的想象成分的部分在国外发表，我认为这对西方学者及一般民众反思和检讨其自身"西藏观"的局限甚有帮助。我希望汪晖先生此书成为中国知识界从学术层面多角度探讨西藏问题并以此同西方学者展开对话的一个开端。

由于藏族文化及社会颇具特点，使得藏学研究有着较强的专业性。所以对多数人来说，要深入讨论和分析西藏问题并非易事。值得一提的是，本书涉猎面极广，无论是征引的史料还是对前人相关研究的吸纳，均不逊色于任何藏学专业论著。可见此书绝非泛泛之论，而是着力之作，尽管汪晖先生谦虚地写道："我自己并非研究西藏问题的专家，但鉴于这一问题的严峻性和迫切性，也愿意不揣浅陋，将自己的一点不成熟的看法提出来，以引起批评和讨论。"很显然，基于深切的人文及社会关怀而生的强烈问题意识当是写作此书的原动力。

和汪晖先生相识是缘于几次学术会议，在有限的接触交谈中，能感到汪晖先生是一位颇具国际视野、思想敏锐且极具厚度的学者，更重要的是能感到他是一位执著且较纯粹的学人。文如其人，我认为本书的立场是客观、公允的，其对问题的分析探讨也是学术性的。因此，非常值得一读。

2009 年 12 月 20 日于川大江安花园

上 篇

东西之间的 "西藏问题"

东方主义、民族区域自治与尊严政治

* 本文产生于 2008 年 4 月 19 日《21 世纪经济报道》记者吴铭对作者的一次访谈，后经一个多月的反复修订和整理，形成独立的论文，并以《东方主义、民族区域自治与尊严政治》为题发表于《天涯》杂志 2008 年第 4 期。文章发表后，得到许多读者和朋友的反馈。经过一年多的研究和思考，我于 2009 年 6—7 月间对文稿做了大规模的增补和修订。

引　言

　　2008 年 3 月 10—14 日及稍后一段时间，在拉萨、四川阿坝、青海藏区和甘肃藏区相继发生了针对政府的抗议示威活动，并演变为以攻击当地商铺（主要是汉人和回民）的骚乱，西方舆论随即将焦点对准拉萨和达赖喇嘛及西藏流亡集团，而中国官方媒体则对西方舆论展开反击，两者都将焦点集中于暴力和海外藏独运动。几乎与此同时，奥运火炬在全球的传递刚刚展开，就在巴黎、伦敦、旧金山等西方城市遭到流亡的藏人集团和西方藏独运动的严重阻挠，西方政治家和主流媒体以一边倒的方式对中国进行批评。在这一形势的激发之下，海外中国学生和海外华人展开了保护奥运火炬、反对西方媒体的歧视性言论和抵制藏独运动的声势浩大的抗议游行。年轻一代利用网络对西方舆论展开反击，形成了一波网络抵抗运动，这是前所未有的现象。所有这一切形成了一个戏剧性的局面，一个孕育着各种变化的可能性的事件。如何理解西方社会对于西藏问题的态度？如何解释在中国市场化改革中的西藏危机？如何看待海内外新一代人对于这一问题的介入？值得注意的是：上述两种对立的反应方式都将焦点集中于民族主义，而对西藏危机得以产生的社会条件缺乏深入分析。这些都是摆在当代中国和当代世界面前的重大问题。我自己并非研究西藏问题的专家，但鉴于这一问题的严峻性和迫切性，也愿意不揣浅陋，将自己的一点不成熟的看法提出来，以引起批评和讨论。

一　两种东方主义的幻影

1. 基督徒的另一个故乡

拉萨"3·14"事件爆发后，最为引人注目的现象之一，是整个西方媒体和西方社会在这个问题上的激烈态度和遍及全球各地的华人运动。关于当代中国的民族问题的根源，我在文章的后半部分会做分析。这里首先讨论西方社会对这一问题的反应。事实上，支持"藏独"的人各有不同，除了从民主、人权的角度对中国政治展开批评之外，从历史的角度看，也有三个不同的方面值得注意。首先是西方有关西藏的知识深深地植根于他们的东方主义知识之中，尽管已经有学者对此做出分析，但并未对西方社会的西藏观产生根本性的影响。[1]相较而言，这一点对于欧洲人影响最大。其次是特定政治力量对于舆论的操纵和政治行动的组织。这一点美国关系最深。第三是对于西藏的同情混杂着对中国、尤其是经济上迅速崛起而政治制度极为不同的中国的顾虑、恐惧、排斥和反感。这一点除了许多第三世界国家之外，全世界都受到感染。这三个方面不仅与民族主义相关，而且更与殖民主义、帝国主义、冷战的历史和全球化的不平等状态相关。这三个方面的问题并不是相互隔离的，但需要分开来加以分析。这里先谈第一个方面，即东方主义问题及其对冷战文化政治的影响。

---

[1] 例如，Thierry Dodin 和 Heinz Raether 于 1997 年编辑出版的会议论文集 *Mythos Tibet: Wahrnehmungen, Projektionen, Phantasien* (Koeln：DuMont，1997)；该书英文版更名为 *Imaging Tibet：Realities, Projections, and Fantasies* 在美国出版 (Boston：Wisdom Pub.，[2001])，以及影响更大的唐纳德·洛佩兹 (Donald Lopez Jr.) 的《香格里拉的囚徒》(*Prisoners of Shangrila：Tibetan Buddhism and the West*，Chicago：University of Chicago Press，1999) 一书。

2001 年，我在瑞士访问时曾经参观过一个叫做"梦幻世界的西藏——西方与中国的幻影"（Dreamworld Tibet — Western and Chinese Phantoms）的博物馆。博物馆的策展人是人类学家马丁·布拉文（Martin Brauen）博士，他从年轻时代起就迷恋西藏文化和藏传佛教，崇拜达赖喇嘛，但在经历了许多事情之后，他开始问自己到底是为了什么迷恋藏传佛教和西藏文化？正是这个自省使他决定用展览的方式描述在西方世界里西藏、藏传佛教和达赖喇嘛的形象。布拉文博士策划的这个展览，以及美国中央情报局刚刚解密的有关 1950 年代有关西藏问题的档案，为我思考"西藏问题"提供了重要的线索。这里不妨综合我在那个博物馆收集的材料和此后的一些阅读做一点分析。

萨义德曾以伊斯兰研究为中心分析过欧洲的东方学，他把这种学问视为一种根据东方在欧洲西方经验中的位置而处理、协调东方的方式，在这种方式中，东方成为了欧洲物质文明和文化的内在组成部分，是欧洲自我得以建立的他者。对于欧洲而言，东方既不是欧洲的纯粹虚构或奇想，也不是一种自然的存在，而是一种被人为创造出来的理论和实践体系，蕴含着漫长历史积累下来的物质层面的内容。藏学在东方学中一直占据重要地位，但至今没有得到认真清理。在西方，藏学研究从来不在中国研究的范畴之内，从东方学形成的时代至今都是如此。从这种知识体制本身，也可以看到在西方的想象中，中国与西藏关系的一些模式。这些模式，从根本上说，正像萨义德描述的那样，与其说是一种自然的存在，毋宁说是一种人为创造的体系。瑞士学者米歇尔·泰勒（Michael Taylor）的《发现西藏》（*Mythos Tibet.Entdeckungsreisen von Marco Polo bis Alexandra David-Neel*）描述从 1245 年圣方济各本人的弟子方济各会士柏朗嘉宾（Jean-du PlanCarpin）到 20 世纪初期欧洲人对西藏的探险和侵略，为我们提供了早期藏学的丰富素材。[1]早期传教士去西藏的目的是寻找失落的基督徒，他们认为西藏人就是 12 世纪传说中的、曾经战胜了异教徒、波斯人和米迪亚人的约翰王的后裔。据说，约翰王曾经住在中亚的什么地方。总之，在他们的心目中，藏人就是那些在中世纪早期横跨小亚细亚、中亚和中国的传播福音的基督徒的弟子或门徒。当然，也不是所有传教士对西藏人的看法都是如此，嘉布遣会修

---

[1] 这本书的中译本标题为《发现西藏》，似与原题 *Mythos Tibet* 有点出入。该书由耿升先生翻译，中国藏学出版社 2006 年出版。

士的看法就和耶稣会士的观点不同，他们认为佛教是撒旦的作品，因为只有撒旦的狡猾才能创造这种与天主教明显相似的宗教。这两种关于西藏及藏传佛教的截然对立的看法其实从未消失，在所谓启蒙和世俗化的时代，它们以不同的方式或隐或现。无论将西藏视为基督徒的另一个故乡，还是以"撒旦的狡猾"创造了与"天主教明显相似的宗教"的世界，它们都是"根据东方在欧洲西方经验中的位置而处理、协调东方的方式"，我把它们称之为两种东方主义的幻影。

欧洲藏学的创始者之一依波利多·德斯德里（Ippolito Desideri, 1684—1733, Rome, Italy）是继葡萄牙传教士安东尼奥·德·安德莱德（Fr. Antonio de Andrade）于 1623 年探访西藏之后的又一位罗马传教士。他于 1712 年 9 月 27 日离开罗马前往里斯本，从那里上船远航，于 1713 年 9 月 23 日到达果阿（Goa），在印度旅行之后他和同伴从德里抵达克什米尔的斯里那加（Srinagar）。最终于 1716 年 3 月 17 日辗转到达拉萨。他在西藏生活了五年，经历了准噶尔蒙古的入侵和战争，详尽地研究西藏的文化，为传教而用藏语编写了五本著作。他在西藏问题上与嘉布遣会的修士发生过冲突，也曾批评西方传教士有关西藏的偏见和许多误导的看法，比如他报告了西藏的战争和藏人的斗争性格等等。但最终这位罗马传教士还是得出了一个固定的也是对西方的西藏形象影响最大的观点，即西藏是和平的国度。[1]

2. 赫尔德、康德、黑格尔的西藏观

18 和 19 世纪的欧洲哲学家如卢梭、康德、黑格尔曾对藏传佛教给予批评，而赫尔德等人又从藏传佛教与天主教的联系出发，对之持有较为肯定的看法。无论对藏传佛教持怎样的立场，欧洲的这些近代思想人物对于西藏的看法不但可以追溯到这些传教士的叙述，而且也植根于他们对于天主教的不同态度和立场。先看赫尔德对于藏传佛教的肯定性看法。"在亚洲广阔的群山与荒漠之间建有一个堪称世上独一无二的宗教王国，那是喇嘛们的天下。尽管小规模的革命曾将宗教和世俗权力多次分离，但是两者最后还是一次次地重新结合。没有哪

---

[1] 依波利多·德斯德里的主要著作包括：*Opere Tibetane di Ippolito Desideri S J.* (4 Vol.), ed.By Giseppe Toscano.S.X. (Rome, IS-MEO, 1981–1989); *Letters, the "Relation" (or "Detailed Accout of Tibet, My Journeys, and the Mission Founded There")* and other Italian works of Desideri, in Luciano Petech, *I Missionari Italiani nel Tibet e nel Nepal* (Rome, Libreria dello Stato, 1954–57).

个地方像那里一样，国家整个宪法都基于掌握皇权的高级僧侣集团之上。依照释迦牟尼或佛陀的灵魂转世说，大喇嘛能死后转世成为新的喇嘛，并尊为神圣的体现。在神圣的明确秩序中，从大喇嘛往下构成了喇嘛的层层链条。在这个地球屋脊之上各个教义、教规和设施中规定着僧侣统治，如此牢固，鲜有出其右者。"[1]

这个描述已经隐约地透露出那个有关失落在西藏的基督徒的传说的影子。佛教起源于温暖的南方，在暹罗、印度等地方也显示出慈悲、厌战、隐忍、柔和与滞怠的特征，但藏传佛教却由于自然条件的严苛而形成了一种与天主教相似的特征。赫尔德说：

如果说有哪个宗教把尘世显得可恶可怖，那么它就是喇嘛教，仿佛——似乎也不能完全否定——基督教最为严苛的教义和仪轨被移植到此地一般，而它在藏区高原上显示出别处没有的怒金刚相。值

---

[1] 赫尔德 (Johann Gottfried Herder)：《人类历史哲学的理念》(*Ideen zur Philosophie der Geschichte der Menschheit*, Bd. 1 und 2. Herausgegeben von Heinz Stolpe)，柏林、魏玛 (Berlin und Weimar)：建设出版社，1965 年，第二卷，第 24 页以下 (Aufbau, 1965, Bd.2, S.24ff.)。

得庆幸的是，严苛的喇嘛教没能改变民族精神，就如同它无法改变他们的需求和气候一样。[1]

在另一个段落中，赫尔德更是直截了当地将达赖－班禅制度与天主教的教皇制度相比较，认为藏传佛教是一种"教皇宗教"：

> 西藏的宗教是一种教皇宗教，如同欧洲在黑暗的中世纪所有的一样，后者甚至还不具备西藏人和蒙古人身上被称道的秩序和道德。喇嘛教在山野之民中，甚至在蒙古人那里，传播的某种博学和书面语言是对人类的贡献，可能也是让这些区域成熟的准备性的文化辅助手段。[2]

赫尔德对西藏的关心完全集中在宗教领域，这一方式直到今天仍然相当流行。

---

〔1〕 赫尔德 (Johann Gottfried Herder)：《人类历史哲学的理念》(Ideen zur Philosophie der Geschichte der Menschheit, Bd. 1 und 2. Herausgegeben von Heinz Stolpe)，柏林、魏玛 (Berlin und Weimar)：建设出版社，1965 年，第二卷，第 24 页以下 (Aufbau, 1965, Bd.2, S.24ff.)。
〔2〕 同上。

与赫尔德从天主教神学世界观中观察藏传佛教不同，康德的观点是人种学和语言学的。他的论述为黑格尔重建"世界历史"提供了脉络。在《永久和平论》（1795年）的《永久和平第三项条款（世界公民权利将限于以普遍的友好为其条件）》一节中，康德首先将"友好"视为一个"权利问题"，并将这一权利界定为不同于所谓"做客权利"的"访问权利"。"这种权利是属于人人都有的，即由于共同占有地球表面的权利人可以参加社会，地球表面作为一个球面是不可能无限地驱散他们的，而是终于必须使他们彼此互相容忍；而且本来就没有任何人比别人有更多的权利可以在地球上的一块地方生存。"当人们行使这种"友好权利"的时候，"相聚遥远的世界各部分就可以以这种方式彼此进入和平的关系，最后这将成为公开合法的，于是就终于可能把人类引向不断地接近于一种世界公民体制。"〔1〕但是，西方的"访问者"在"从事贸易"的名义下征服异国异族，超越了"陌生的外来者的权限"。"美洲、黑人大陆、香料群岛、好望角等等，自从一经发现就被他

〔1〕　康德：《永久和平论》，见《历史理性批判文集》，何兆武译，北京：商务印书馆，1991年，第115、116页。

们认为是不属于任何别人的地方，因为他们把这里的居民当作是无物。在东印度（印度斯坦），他们以纯拟建立贸易站为借口带进来外国军队，但却用于进一步造成对土著居民的压迫、对这里各个国家燎原战争的挑拨、饥馑、暴乱、背叛以及像一串祷告文一样的各式各样压榨着人类的罪恶。"[1]紧接着这段话，康德提到欧洲与中国、日本的往来。他说："中国与日本（Nipon）已经领教过这些客人们的访问，因而很聪明的中国是虽允许他们到来但不允许入内，日本则只允许一种欧洲民族即荷兰人进来，但却像对待俘虏一样禁止他们与土著居民交往。"[2]在讨论中国的时候，康德以注释的方式谈及中国及西藏，显示了一种从西藏的角度界定中国的取向。他说：

为了把这个大国写成它所自称的那个名字（即China，而不是 Sina 或者其他类似的称呼），我们只需翻阅一下格奥尔吉的《藏语拼音》（指意大利奥古斯丁派传教士格奥尔吉 [Antonio Agostino Georgi, 即 Anto-

〔1〕 康德：《永久和平论》，见《历史理性批判文集》，何兆武译，北京：商务印书馆，1991 年，第116 页。
〔2〕 同上书，第116—117 页。

nius Georgius, 1711 —1797] 所著《藏语拼音》，罗马，1762年。——译注）一书，第 651 — 654 页，特别是注 b。——据彼得堡的费舍尔教授（Johann Eberhard Fischer, 1697—1771，圣彼得堡教授，曾参加远东探险。此处称引，见所著《彼得堡问题》[哥廷根，1770 年] 第 2 节 "中华帝国的各种名称"，第 81 页。——译注）的说法，它本来并没有它所用以自称的固定名称；最常用的是 Kin 这个字，即黄金（西藏人叫作 Ser），因此皇帝就被称为黄金国王（全世界最辉煌的 [国土]）。这个字在该国国内发音很像是 Chin，但是意大利传教士（由于喉音拼法的缘故）则可以发音像是 Kin。——由此可见，罗马人所称的 Seres（丝绸）之国就是中国；然而丝绸是经由大西藏（推测是通过小西藏与布哈拉，经由波斯，等等）而供应欧洲的；这就提示那个可惊异的国家之于西藏并且从而与日本的联系从许多方面来考察，其古老性都可与印度斯坦相比；同时它的邻人所给予这个国土的 Sina 或 Tschina 的名字却没有提出来任何东西。[1]

---

[1] 康德：《永久和平论》，见《历史理性批判文集》，何兆武译，北京：商务印书馆，1991 年，第 117 页脚注。

康德对于中国的兴趣源自以丝绸之路作为连接东西方的世界史兴趣，但他没有弄清这条通道的真正脉络。康德的这段话中有三点值得注意：首先，他是从欧洲传教士的西藏知识中理解中国的；其次，他强调中国没有"用以自称的固定名称"，因此从西藏语音来界定中国就是自然的；第三，他区分了大西藏与小西藏，以说明将中国与欧洲联系起来的丝绸之路是以西藏为中介的。

欧洲与西藏之间存在神秘而古老的联系这一信念其实是康德的西藏观的核心。在接下来的段落中，康德不是从欧洲宗教与藏传佛教的关系的角度谈论西藏，而是从希腊与西藏的关系出发论述两者的关联，语文学在此提供了最为重要的脉络。他说：

也许欧洲与西藏的古老的但从不曾为人正确认识的交往，可以从赫西奇乌斯（Hesychius，公元5或6世纪希腊文法学家。——译注）的主张，即伊留西斯神秘仪式（指古希腊伊留西斯 [Eleusis] 祭祀谷神 Demeter 的神秘仪式。——译注）中祭司们 Κονξ ’Ομπαξ （Konx Ompax）的呼声之中得到阐明。（见《少年阿那卡西斯游记》[指法国考古学家巴泰勒米〈Abbé Jean Jacques Barthélemy〉所著《少年阿那卡西斯〈Anacharsis〉希腊游记》一书〈德译本，1792 年〉。——译注] 第五部，页 447 以下。）——因为根据格奥尔吉《藏语拼音》，concioa 这个字的意思是上帝，此字和 Konx 有着惊人的相似性；Pahcio〈同书，页 520〉这个字希腊人发起音来很容易像是 pax，它的意思是 promulgator legis〈法律的颁布者〉，即遍布于整个自然界的神性〈也叫作 cencresi，页 177〉。然而 Om 这个字拉·克罗泽（M.V.La Croze, 1661—1739, 法国本笃派教士，普鲁士科学院会员）则翻译为 benedictus，即赐福，这个字用于神性是很可能并不是指什么别的，只不过是受福者而已〈页 507〉。法兰茨·荷拉提乌斯 (Franz Horatius 或 Franciscus Orazio della Penna, 意大利传教士，1735—1747年曾去拉萨居住。——译注) 神父常常问西藏的喇嘛们，他们理解的上帝（conciva）是什么，而每次得到的回答都是："那是全部圣者的汇合"。（也就是说，圣者经历过各式各样的肉体之后终于通过喇嘛的再生而回到神性中来，即回到 Burchane 中来，也就是受崇拜的存在者、轮回的灵魂，页 223。）所以 Konx Ompax 这些神秘字样的意思很可能是指圣

者 (Konx)、福者 (Om) 和智者 (Pax), 即 [全世界到处流行的] 最高存在者 (人格化了的自然); 它们在希腊的神秘仪式中使用起来很可能是指与民众的多神教相对的那种守护祭司们 (守护祭司 [Epopt], 古希腊伊留西斯神秘教中最高级的祭司。——译注) 的一神教, 虽说荷拉提乌斯神父 (见前引) 在其中嗅出了一种无神论。——这些神秘的字样是怎样经由西藏到达希腊人那里的, 或许可以由上述方式加以阐明, 而反过来早期欧洲经由西藏与中国相交通 (或许更早于与印度斯坦相交通) 也因此看来像是很可能的事。[1]

在 19 世纪欧洲的历史语言学对印欧语系的发现之前, 许多欧洲人相信藏语与欧洲语言同属一个语系。康德的观点正是这一欧洲人的普遍信念的表达。参照康德在"前批判时期"有关种族问题的论文, 我们还可以发现他的西藏认识中的种族要素。在发表于 1775 年的《论人类的不同种族》一文中, 康德按照动物学和植

----

〔1〕 康德:《永久和平论》, 见《历史理性批判文集》, 何兆武译, 北京: 商务印书馆, 1991 年, 第 117 页脚注。

物学的分类方法将人类分为四个种族,即白种、黑种、匈奴(蒙古或卡尔梅克)及印度或印度斯坦。西藏人隶属古老的塞西亚(亦译斯基泰)人,包括印度、日本和中国的人种都是塞西亚人与匈奴及印度混种的产物。[1]在18世纪的欧洲思想氛围中,关于种族根源的讨论与民族性及时代精神的讨论有着密切的关系。康德用崇高来颂扬古代的精神,而以怪诞贬低其当代演变,例如十字军东征及古代的骑士精神是"冒险性的",但作为这一精神的残余的决斗却是"怪诞";用原则战胜自己的激情是"崇高的",但崇奉圣骨、圣木和西藏大喇嘛的圣便却是"怪诞"。[2]

很难判断康德对西藏的看法是否影响了黑格尔。黑格尔曾为印欧语系的发现而振奋,但从未谈到过藏语,他对东方宗教的批判态度与康德的启蒙观点一脉相

---

〔1〕 康德:《论人类的不同种族》,《康德著作全集》第2卷,前批判时期著作II(1757—1777),李秋零主编并翻译,北京:中国人民大学出版社,2004年,第445页。

〔2〕 康德:《关于美感和崇高感的考察》,《康德著作全集》第2卷,前批判时期著作II(1757—1777),李秋零主编并翻译,北京:中国人民大学出版社,2004年,第215—216页。(德文原著: *Beobachtungen über das Gefühl des Schönen und Erhabenen* [1764], in Akademie-Ausgabe, Bd. II, *Vorkritische Schriften II. 1757—1777*, 1905, 2. Aufl. 1912, Nachdruck 1969, S. 215f.)

承，显示出某种在古代（崇高）与现代（怪诞）的对比中界定西藏的特点。黑格尔从根本上不承认中国存在宗教，偶然几次提及达赖喇嘛时，都将后者与初级的神物崇拜并列。这一在哲学与宗教间建立的对比，显示的是一种真正的启蒙态度。在《精神哲学》中，黑格尔说：

> 以泛神论代替无神论来指责哲学主要属于近代的教育（原译教养），即新虔敬派（原译新虔诚）和新神学，在他们（原译它们）看来哲学有太多上帝，多到按照他们的保证来说上帝甚至应是一切，而一切都应是上帝。因为这种新神学使宗教仅仅成为一种主观的感情，并否认对上帝本性的认识，因而它保留下来的无非是一个没有客观规定的一般上帝（上帝在这里是可数名词单数）。它对具体的充实的上帝概念没有自己的兴趣，而把这个概念看作是其他人们曾经有过兴趣的，并因而把凡属于上帝具体本性学说的东西当作某种历史的东西来处理。未被规定（原译不确定）的上帝在一切宗教中都能找到；任何一种虔诚的方式——印度人对于猴、牛等的虔诚或者对达赖喇嘛的虔诚；埃及人对公牛的虔诚等等，——

都是对一个对象的崇拜，这个对象不管其种种荒诞的规定，还是包含着类、一般上帝的抽象。[1]

在对西藏的认识中，"把凡属于上帝具体本性学说的东西当作某种历史的东西来处理"是一个普遍的现象，有关西藏的知识，几乎等同于对藏传佛教的认识。这一知识状态不只产生于对西藏作为一个宗教社会的理解，而且也来源于一种启蒙运动决心加以抛弃而从未真正抛弃的认识方式。黑格尔又说：

> ……直接的知识应当成为真理的标准，由此可以得出第二条，所有迷信和偶像崇拜都被宣称为真理，最为不公和不道德的意志内容被看成正当。印度人并非通过所谓的间接认识、思考和推理而认为牛、猴

---

[1] 黑格尔：《精神哲学》，《哲学科学百科全书纲要》（简称《哲学全书》）第三部分，杨祖陶译，北京：人民出版社，2006年，第385—386页。（德文原著：Georg Wilhelm Friedrich Hegel: Enzyklopädie der philosophischen Wissenschaften im Grundriss, Werke. Auf der Grundlage der Werke von 1832—1845 neu edierte Ausgabe. Redaktion Eva Moldenhauer und Karl Markus Michel, Frankfurt a.M.: Suhrkamp, 1979, Bd.10, S.381—382.）

或者婆罗门、喇嘛是神，而是信仰它们。[1]

真理与迷信、认识与信仰的对立是启蒙的最重要的原理之一，黑格尔正是据此将藏传佛教与其他各种在他看来的低级迷信和偶像崇拜归为一类。但即便在黑格尔生活的年代，宗教力量也并未彻底消退，在黑格尔有关世界历史的叙述中，神秘主义的东方正好借助于普遍历史的叙述而被凝固在历史的深处了。

3. 神智论与西藏形象

随着工业化、城市化和世俗化的浪潮，一种针对启蒙理性主义的新神秘主义在社会生活和文化领域渗透和蔓延。与早期的宗教信仰不同，这种新型的神秘主义由于产生于对现代的怀疑而获得了新的活力，它与赫尔德对现代的疑虑更为心灵相通。欧洲的西藏观与现代神秘主义的关联就发生在这一语境之中。在 19—20 世纪，有关西藏的知识与神智论（Theosophy）——一种认为由直觉或默示可以与神鬼交通的学术——发生了联系。赫列娜·皮特罗维娜·布拉瓦斯基（Helena Petrovna

---

〔1〕 黑格尔：《小逻辑》，《哲学全书》第一部分，贺麟译。北京：商务印书馆，1980 年，第 166 页。译文有改动。（德文原著：同上，Bd.8, S.162。）

Blavasky, 1831—1891）出生于俄国（乌克兰），死于英格兰，以神智论的创始者著称。她从孩提时代就有歇斯底里症和癫痫病，经常陷于怪异和恐怖的想象。从17岁第一次婚姻起，她先后有过几次婚恋，但始终自称是处女。她还对自己的传记作者说：她在1848—1858年间漫游世界，先后访问了埃及、法国、英格兰、加拿大、南美、德国、墨西哥、希腊，最重要的是曾在西藏度过两年，后在斯里兰卡正式成为佛教徒。1873年，布拉瓦斯基移民美国，在那里向人们展示其超凡的、半宗教的招魂术和灵媒能力，比如浮游（levitation）、透视（clairvoyance）、气功（out-of-body projection）、心灵感应（telepathy）和超听能力（clairaudience）等。1875年，她与亨利·斯锑尔·奥尔考特（Henry Steel Olcott）等创立了神智学会（Theosophical Society）。[1]布拉瓦斯基声称自己与藏族上师通过心灵感应交流，发表神秘的西藏通信。事实上，这些所谓西藏来信也并非来自西藏的喇嘛，而是来自雅利安的超人（Aryan mahatmas）。这些西藏通信不但对藏学有重要的影响，而且对

---

[1] *Helena Blavatsky*. Edited and introduced by Nicholas Goodrick-Clarke. Western Esoteric Masters Series. North Atlantic Books, Berkeley 2006.

于神智论的形成也是决定性的。布拉瓦斯基和神智论的后继者散布了种族主义的观点，他们说人类的大多数属于第四个根源性的种族，其中就包括藏族。据说在大西岛和利莫里亚沉没之前的时代，有一些幸存者居住在靠近戈壁的叫做香巴拉的地方，这是第五个根源性种族的原型。布拉瓦斯基认为香巴拉是最高贵的人类血统的母国，是由印度雅利安和白种人构成的。根据斯皮尔福格尔（Jackson Spielvogel）和里德尔（David Redles）的说法，布拉瓦斯基有关根源种族的教义，再加上她的德国追随者的演绎，对于希特勒的心灵发展的影响是"决定性的"。[1]

神智论创造了一种理想的、超现实的西藏形象，一片未受文明污染的，带着精神性的、神秘主义的，没有饥饿、犯罪和滥饮的，与世隔绝的国度，一群仍然拥有古老的智慧的人群。这个西藏形象与农奴制时代的西藏现实相差很遥远，但却从不同的方向塑造了西方人对东方、尤其是西藏的理解。这个理解的核心就是超现实的精神性。在受到布拉瓦斯基及其神智论影响的名人中，

---

[1]　Jackson Spielvogel & David Redles (1986). "Hitler's Racial Ideology: Content and Occult Sources." *Simon Wiesenthal Center Annual* 3, chapter 9.

除了希特勒之外，不乏大名鼎鼎、影响深远的人物。我这里先列上几位著名人物的名字：爱德温·阿诺德（Sir Edwin Arnold, 1832—1904），英国诗人和记者，《亚洲之光》（*The Light of Asia*）的作者；斯瓦米·斯万南达·萨拉斯瓦提（Swami Sivananda Saraswati, 1887—1963），印度瑜伽和吠檀多的著名精神导师；圣雄甘地（Mohandas Karamchand Gandhi, 1869—1948）；圭多·卡尔·安东·李斯特（Guido Karl Anton List，即 Guido von List, 1848—1919），奥地利/德国诗人、登山家，日耳曼复兴运动、日耳曼神秘主义、古代北欧文字复兴运动的最重要成员；亚历山大·尼柯拉耶维奇·萨克里亚宾（Alexander Nikolayevich Scriabin, 1872—1915），俄国作曲家、钢琴家，俄国象征主义音乐的主要代表；詹姆斯·乔伊斯（James Augustine Aloysius Joyce, 1882—1941），爱尔兰流亡作家，《尤利西斯》的作者；瓦西里·康定斯基（Wassily Kandinsky, 1866—1944），俄国现代主义绘画的奠基人和艺术理论家；阿尔弗莱德·查尔斯·金赛（Alfred Charles Kinsey, 1894—1956），美国生物学家、昆虫学家、动物学家，著名的性学家；威廉·巴特勒·叶芝（William Butler Yeats, 1865—1939），爱尔兰诗人和剧作家，等等。20世纪的这些影响深远的浪漫主义者、现代主义者和民族主义者与神智论的联系无一例外地产生于对现代的焦虑，他们以各种形式急切地寻找"另一个"世界。我在这里提到这些人名不是说他们对于西藏有什么特别看法，而是为了说明现代西方的文化想象、社会心理和政治运动中始终有着神秘主义的极深根源，而西藏在当代西方精神世界中的位置正植根于同一神秘主义的脉络之中。

4. 种族主义及纳粹意识形态中的西藏

在20世纪，这种与神智论有关的西藏形象也披上了现代科学的外衣，人种学、考古学和语言学等现代学科都曾为之作出努力。纳粹认为西藏是雅利安祖先和神秘智慧的故土。1962年，法国学者路易士·鲍维尔（Louis Pauwels）和雅克·博基尔（Jacques Bergier）出版了一本十分畅销的书，叫做《巫师的早晨》（*The morning of the magicians*），对炼金术、政治、历史、超自然现象、纳粹神秘主义、魔术和人类在宇宙中的位置给予阐释，其中也详细地整理了这个故事[1]：大洪水后一些幸存的智者定居于喜马拉雅山麓，他们分为两支：

---

[1] Louis Pauwels & Jacques Bergier, *The morning of the magicians*, May Flower Books, 1972.（原著为法文，出版于1962年，这里引用的是美国版的英文本，出版于1972年。）

一支由右路到了阿嘉西；另一支从左路到了香巴拉。这个故事据说曾给纳粹很大的影响。很显然，这与西藏无关，完全是欧洲人的创造。在西藏存在着雅利安种族的后裔的想法，实际上也得到了著名的瑞典考古学家、纳粹的同情者斯文·赫定的支持。希特勒对赫定评价很高，曾经请他到柏林奥运会发表讲话。1935 年纳粹德国建立了古代遗产研究和教学学会（Forschungs-und Lehrge-meinschaft das Ahnenerbe e.V.），目的是为种族主义教义提供科学的、人类学的和考古学的证据，确定雅利安人种族的起源。在党卫军负责人希姆莱（Heinrich Himmler）的支持下，恩斯特·舍费尔（Ernst Scha-fer, 1910—1992）于 1938 年带领一支远征队前往西藏。舍费尔曾在 1931 年、1934—35 年、1938—39 年三次远征西藏，并于 1934 年在杭州见到过流亡中的班禅喇嘛。伊斯仑·英格尔哈特（Isrun Engelhardt）的《1938—1939 年的西藏：来自恩斯特·舍费尔远征西藏的照片》（*Tibet in 1938–1939*：*Photographs from the Ernst Scha-fer Expedition to Tibet*）说的就是这个事。[1]舍费尔

---

〔1〕 Isrun Engelhardt, *Tibet in 1938–1939*：*Photographs from the Ernst Schafer Expedition to Tibet*, Chicago：Serindia Publications, 2007.

本人后来发表了《白哈达的节日：一个穿越西藏抵达上帝的圣城拉萨的研究之旅》(*Festival of the White Gauze Scarves*：*A Research Expedition through Tibet to Lhasa, the holy city of the god realm*)。[1]克劳斯 (Robin Cross) 对纳粹的这次远征做了讨论，他说：纳粹的信仰是古代条顿神话、东方神秘主义和 19 世纪晚期人类学的混合物。[2]希姆莱本人是图利协会 (Die Thule-Gesellschaft) 的成员。Thule 本来指皮西亚斯 (Pyseas，古希腊航海家、地理学家) 在公元前 4 世纪发现的最北部的岛屿或海岸，从大不列颠到这个地方需要向北航行六天的航程，后转喻存在于世界北端的国家。图利协会始创于 1910 年，是一个德国的极端民族主义团体，而党卫军是纳粹的种族主义原则的主要实施者。新纳粹主义者说这支探险队的目的是寻找阿嘉西和香巴拉的穴居族群，为纳粹服务。纳粹意识形态在这个问题上其实也是自相矛盾的，有些人将藏传佛教视为北方种族精神的颓

---

〔1〕 Ernst Schafer，*Festival of the White Gauze Scarves*：*A Research Expedition through Tibet to Lhasa，the holy city of the god realm*，1950.

〔2〕 Robin Cross, "The Nazi Expedition", http：//www.channel4.com/history/microsites/H/history/n-s/nazimyths.html.

废阶段，认为藏传佛教与天主教、犹太教一样都构成了对欧洲人的威胁，而另一些人则将西藏视为供奉纳粹德国的神龛。我们不难从19世纪欧洲思想的脉络中发现这两个相互矛盾的取向的根源。

5. 60年代的苦闷与西方大众文化中的喇嘛形象

战后西方藏学有了很大的发展，也产生了许多杰出的学者和重要的成果。但是，与詹姆斯·希尔顿（James Hilton）的《消失的地平线》、阿尔诺·戴雅尔丹（Arnaud Desjardins）摄制的有关西藏精神大师的隐秘生活的电影《西藏人的使命》（*Le Message des Tibétains*：*Le Bouddhisme* ［*première partie*］，1966 ［I］；*Le Message des Tibé tains*：*Le Tantrisme* ［*deuxième partie*］，1966 ［II］）、《安详之地喜马拉雅山》（*Himalaya，Terre de Sérénité：Le Lac des Yogis* ［*première partie*］，1968；*Himalaya，Terre de Sérénité：Les Enfants de la Sagesse* ［*deuxième partie*］，1968）和其他的大众性作品相比而言，学术研究的影响很小，而即便在学术领域内，东方主义的阴影也从未消失。希尔顿创造的香格里拉如今已经变成了中甸的名字了。香格里拉的故事其实就是从布拉瓦斯基的神话中衍生出来的：一群生活在香格里拉这个佛教社会的白种人的故事。在这个故事中，西藏是背景，而作者和演员都是梦想着香巴拉和香格里拉的西方人。好莱坞的电影和各种大众文化不停地在复制这个有关香巴拉或香格里拉的故事，他们表述的不过是他们在西方世界中的梦想而已。在战争、工业化和各种灾难之后，西藏——更准确地说是香巴拉、香格里拉——成为许多西方人的梦幻世界：神秘的、精神性的、充满启示的、非技术的、热爱和平的、道德的、能够通灵的世界。《和尚与哲学家》(*Le moine et le philosophe*) 的作者之一马蒂厄·里卡尔 (Matthieu Ricard) 描述说："在人类历史上也许从无先例的事实是，西藏有 20% 的人口是在修会里，他们是和尚、尼姑、洞穴中的隐修士、在寺院里教学的学者。精神实践在那里无可争议地是存在的首要目的，就是世俗的人自己也认为他们的日常活动，不论多么不可缺少，与精神生活相比，都是次要的。整个文化就这样被集中在精神生活中。""最使我震动的，是他们符合我们理想的圣者、完人、哲人；而这样一类人，人们在西方显然已几乎再找不到了。这是我想象出的阿西兹的圣弗朗索瓦 (注：即圣弗朗切斯戈，旧译圣方济各，意大利教士，天主教圣方济各会的创立者。于 1181 年或 1182 年生于意大利的阿西兹城，1226 年卒。被后人尊为意大利的主保圣人），或是古代伟大哲人的图像。这幅图像在当时对我来说已变成了一纸空文；我不能去与苏格拉底相会，去听柏拉图的一番谈话，去坐在阿西兹的圣弗朗索瓦脚下！而这时候，突然出现了一些人，他们仿佛是智慧的活的榜样。于是我对自己说：'如果有可能在人类方面达到完善，那一定就应该是这样的。'"[1]

随着时代的变化，雅利安喇嘛和白种人在这个神话中的角色逐渐地消失了，代之而起的是西藏喇嘛的角色——与其说他们是宗喀巴的后人，不如说他们是西方人的创造物。我这里说的还不是 50 年代末期以降美国对于西藏流亡政治的直接操纵，而是说有些喇嘛已经成为西方精英与大众文化中的角色。这个角色凝聚了西方现代社会的复杂的自我理解。让－弗朗索瓦·勒维尔（Jean-Francois Revel）描述说，西藏人代表着一种与古代西方哲学起源相似的方法论特征，即理论与实践的一致，"这就是曾经存在于西方的一种态度：不满足于传授，而是通过自己生存的方式本身，自己成为所传

_____

[1] 让－弗朗索瓦·勒维尔、马蒂厄·里卡尔：《和尚与哲学家》（*Le moine et le philosophe*，published by arrangement with Nil editions, 1998），陆元昶译，南京：江苏人民出版社，2005 年，第 4 页。

授的事物的反映。""在古代哲学的阶段,并不存在一种相比于东方来说根本性的差异。"[1]在西方流行的西藏形象针对着现代社会的种种异化,如知识上的创新和完善与道德生活的脱节,显示了一种精神性生活的榜样。"许多西方人转向他们宗教之外的宗教,如伊斯兰或佛教,是因为他们对自己传统的信仰感到绝望。而你,总之,你则是从一种宗教的无所谓或者说是失重的状态,过渡到了佛教……"[2]在这个意义上,正是西方现代社会的危机造就了西藏大师在西方的命运。1968年5月之前,在西方青年精神郁闷达到顶点并即将爆发之际,许多人将目光投向了两个不同的东方:一个是孕育着文化革命的激越的中国,而另一个则是安详宁静的、居住着西藏大师的印度,两者的共同之处是重视精神实践和内心生活的改造。"这是1968年5月之前的一年。所有这些年轻人都在找寻某种不同的东西,吸食大麻……一些人追逐精神研究,拜访印度教徒的隐修地(ash-

---

〔1〕 让－弗朗索瓦·勒维尔、马蒂厄·里卡尔:《和尚与哲学家》(*Le moine et le philosophe*, published by arrangement with Nil editions, 1998),陆元昶译,南京:江苏人民出版社,2005年,第5页。

〔2〕 同上书,第20页。

rams）；另一些人勘探喜马拉雅山。所有的人都在向左、向右地找。""那是这样一个时代，人们怀疑一切事物，人们通过前去会见大师，通过在整整一两年时间里学习印度的古典音乐和舞蹈，而探测——不仅是在书本中，而且是在现实中——在印度、在喜马拉雅山向人们提供的一切……"[1] 1971 年，第一批西藏师傅到法国、美国等西方国家旅行，他们的追随者逐渐从数百人发展为数千人、上万人，乃至更多。他们中的许多人在喜马拉雅山地区与这些西藏大师共同生活，"'将自己的精神与师傅的精神相混合'；因为师傅的精神就是'认识'，从混乱过渡到认识。这一纯粹沉思的过程构成了西藏佛教实践的关键点之一。"[2]

从 60 年代西方青年的两种相似又方向相反的精神流向中，我们已经可以看到这股通过西藏精神回到古代哲学的潮流，事实上是与冷战时代的政治意识形态密切相关的。如果说那些前往中国寻求社会主义理想的青年

---

[1] 让-弗朗索瓦·勒维尔、马蒂厄·里卡尔：《和尚与哲学家》（*Le moine et le philosophe*, published by arrangement with Nil editions, 1998），陆元昶译，南京：江苏人民出版社，2005 年，第8—9 页。

[2] 同上书，第9 页。

沿着启蒙传统走向马克思主义，相信"幸福与正义的联合已不再是通过个体对智慧的追求，而是通过对社会的整体重建来实现，而要想建立一个新社会，必须预先彻底摧毁旧社会"，进而在"革命"的概念中找到了理论与实践统一的可能性，那么，"自由主义革命"拒绝的是个人得救从属于集体得救的观念，认为这个观念将导致政治极权主义。[1] 西藏在启蒙的传统之外提供了思考现代社会——尤其是作为科技社会及其政治统治模式——的途径。让-弗朗索瓦·勒维尔将他的政治观念概括为"对政治极权主义的拒绝和对宗教极权主义的拒绝"。"就是这个问题将我们带回所谓的'初始的'哲学上，即以个人对远见和智慧的获得为目的的哲学上……"[2] 从这个角度看，对精神性的追求及其对现代社会的批判，与"开放社会"的观念互通生息，它们与社会主义体制（它在自由主义传统中被称为极权主义）及其意识形态处于对立两极。

---

〔1〕 让-弗朗索瓦·勒维尔、马蒂厄·里卡尔：《和尚与哲学家》(*Le moine et le philosophe*, published by arrangement with Nil editions, 1998)，陆元昶译，南京：江苏人民出版社，2005 年，第16 页。

〔2〕 同上书，第16—18 页。

伴随着60年代的衰落，那个时代的精神气质逐渐渗透到大众文化之中；反叛的精神性失去了内在的紧张，却转化为更为普及的精神－商业产品，并在有意无意之间将冷战的、甚至种族主义的意识形态渗透其间。各种各样与西藏相关的电影、商品、艺术作品和饰物遍布了各大商店、影院和画廊。"梦幻世界的西藏"展出了许多这样的东西，策展者问道："为什么人们连想也没有想过在T恤衫上印上这些神圣的标记是一种亵渎？"藏传佛教鼓励无私的奉献，而这些商品只能服务于个人的自私的占有欲。那些对基督失去信仰的人，现在转向了精神性的西藏——但这个西藏其实更像是时尚，而不是精神的故乡。许多好莱坞的明星和名人——他们很可能对西藏一无所知——成为藏传佛教的信徒和敌视中国的人物，这件事情发生在西方时尚世界的中心，倒也并不奇怪。我们至少应该了解这个氛围，这里不妨略举两例。1997年法国导演让－雅克·阿诺（Jean-Jacques Annaud）根据海因里希·哈勒（Heinrich Harrer）的《西藏七年》（*Seven Years in Tibet*, 1953）拍摄了同名电影，由布拉德·皮特（Brad Pitt）和大卫·休利斯（David Thewlis）主演。这部电影在西方影响很大，但很少人了解哈勒曾经在舍费尔的研究所工作，他本人就是纳粹分子，他在西藏时与达赖和其他西藏领导人有交往。即便在达赖流亡之后，他们的交往仍然很密切。1943年，哈勒在印度时因为纳粹身份曾被英国人逮捕，后从英国的战俘营中逃走。好莱坞电影不但掩盖了作者的纳粹身份，而且添加了许多书中没有的情节，以适应西方观众的口味。阿沛·阿旺晋美（1911—2010）时任西藏地方政府噶伦、昌都总管，与哈勒有过交往。1998年3月23日，他接受《南华早报》(*South China Morning Post*)的访谈，以当事人的身份驳斥电影中捏造的情节。[1]另一部由理查·基尔（Richard Gere）主演的《红色角落》(*Red Corner*)将东方主义的西藏形象与冷战式的反华、反共的价值糅合在一起，是一部艺术上粗制滥造但意识形态上却十分明确的电影。基尔本人现在是"自由西藏运动"的核心人物之一。这次在西方国家抢夺奥运火炬当然是有组织的行动，但那些西方志愿者中至少有很多正是这些受了东方主义想象、冷战意识形态和好莱坞电影影响的人。关于《西藏七年》这部电影的问题，加州大学伯克利分校新闻学院前

---

[1] "Interview with Ngapoi Ngawang Jigme", *South China Morning Post*, April 4, 1998.

任院长奥维尔·谢尔（Orville Schell）在他的《影像中的西藏》（*Virtual Tibet*）中有过详细的论述。[1]

西藏文明是伟大的文明，藏传佛教有悠久的传统，但它们的意义并不存在于东方主义的幻觉中。西方人的想象和香格里拉的神话并不会给西藏带来真正的进步。东方主义赋予西藏文化的那种普遍表象不过是西方自我的投射。萨义德在讨论东方学时曾经引用葛兰西的文化霸权这一概念，他说："要理解工业化西方的文化生活，霸权这一概念是必不可少的。正是霸权，或者说文化霸权，赋予东方学以我一直在谈论的那种持久的耐力和力量。……欧洲文化的核心正是那种使这一文化在欧洲内和欧洲外都获得霸权地位的东西——认为欧洲民族和文化优越于所有非欧洲的民族和文化。""东方学的策略积久成习地依赖于这一富于弹性的位置的优越，它将西方人置于与东方所可能发生的关系的整体系列之中，使其永远不会失去相对优势的地位。"[2]西方社会至今

---

[1] Orvile Schell, *Virtual Tibet：Searching for Shangri-La from the Himalayas to Hollywood*，New York：Metropolitan Books，2000，pp.283–294.

[2] 爱德华·W.萨义德：《东方学》，王宇根译，北京：三联书店，1999年，第10页。

并没有摆脱这样的东方主义知识，那些对自己的社会和现代世界感到绝望的人们，很快就在西藏的想象中找到了灵魂的安慰，他们从未想过，他们的"神智论"或通灵术不但扭曲了西藏的历史和现实，也伤害了那些正在张开双臂迎接他们的中国人。中国人并不知道自己面对的，是一群渗透着几个世纪的东方学知识的西方人，而西藏正是一个内在于他们的或者说作为他们自身的他者而存在的人为创造物。当他们意识到现实的西藏与他们的创造物之间的巨大差异时，怨恨油然而生——东方/西藏是他们构筑自我的必要前提，这个"他者"一旦脱离西方的自我而去，西方的自我又要到哪里去安置呢？的确，在这个全球化的世界上早已经没有——事实上也从未有过——他们想象中的香巴拉；如果他们不甘于在自己的世界里失去信仰，那么，他们只能在另一个世界里重构它。

东方主义的幻影并不仅仅属于西方，如今它正在成为我们自己的创造物。云南藏区的中甸现在已经被当地政府正式改名为香格里拉，这个生活着包括藏族人民在内的各族人民的地方被冠以西方人想象的名号，目的不过是招徕游客。2004年，我在中甸一带访问时，曾经到过一个藏族文化的"样板村"，这个小小村落竟然网罗了几乎所有藏族文化的建筑和摆设。在迅速变迁的世界里，保护和珍藏民族文化是必要的，但这样一个藏族的文化村并不能够反映藏族生活的日常状态。关于西藏的神秘主义想象现在变成了商品拜物教的标志，那些从全世界和全中国奔赴藏区的旅游大军，那些以迎合西方想象而创造的各种"本土的"、"民族的"的文化展品，究竟在创造怎样的新东方主义"神智论"和通灵术？又在怎样将活生生的民族文化变成游客眼中的"他者"？在批评西方的东方想象时，我们需要批判地审视中国社会对于东方主义的再生产。说到底，东方主义不是一个单纯的西方问题。

二 殖民主义与民族主义的变奏

1. 宗主权的概念与国际关系中的"承认的政治"

"西藏独立"问题是和西方将自己的帝国主义的承认政治——即一种以民族国家为主权单位的承认体系——扩张到亚洲地区时同时发生的。当西方的文明观、民族观和主权观改变了这一区域的历史关系，成为主导整个世界的规则之时，那些在许多世纪中在这个区域行之有效的政治联系的模式不再有效了。"西藏问题"的一个特点是：包括美国、英国在内所有西方国家均承认西藏是中国的一部分，是中国的自治区之一；没有任何一个国家公开否认中国对西藏拥有主权。甚至在晚清和民初的诸种不平等的国际条约中，除了个别的例外，中国对西藏的主权也受到西方国家的承认。在国际法的意义上，西藏地位是清晰的。但是，对于这一问题有必要提出一点说明，以免被这一"承认的政治"模糊了视线：

第一，在这个世界的许多地区曾经存在着各种各样的复杂的联系模式，比如西藏与明朝、西藏与清朝的臣属或朝贡模式，但这一臣属或朝贡模式与欧洲民族国家的模式并不一致，一旦将这些传统的关联模式纳入欧洲主权体系内，麻烦就会随之而来。在19—20世纪亚洲的殖民历史中，英国和其他列强通过缔结各种不同的条约，用suzerainty（宗主权）翻译和界定亚洲区域的复杂的朝贡/宗主关系，并迫使清王朝放弃对于周边王朝的宗主关系，进而将这些王朝纳入列强控制的范围之内。这是殖民主义时代的宗主权的转移。在欧洲民族主义的话语中，suzerainty概念最初用于描述奥斯曼帝国与周边地区的关系，而在19世纪对亚洲地区的殖民过程中，又被移用于清朝及其与周边地区的关系。最为关键的是：宗主关系包含着不同的历史形态或者说存在着不同性质的宗主关系。在19—20世纪，帝国主义国家与殖民地的宗主关系主要发生在工业化的宗主国与农业的、欠发达的地区之间，两者之间存在着密切的经济依附关系。通过帝国主义的宗主关系的确立，殖民地的经济结构不但从属于宗主国的工业体系，而且从属国的社会关系和政治结构也由此发生巨大的转变。与此相对照，亚洲地区的朝贡网络通常并不要求这一强制性的劳动分工，宗主国的经济也并不依赖于藩属或藩地的贡品。

帝国主义的宗主关系与亚洲地区的朝贡网络及其藩属关系有着重要的差别，两者之间并不是同质的。当帝国主义宗主国用宗主权概念描述欧洲殖民历史并将其等同于亚洲区域的册封、朝贡和藩属关系时，也随即在中国语境中产生了"suzerainty－宗主权"与"朝贡－册封－藩属－藩地"之间的对译性，不但取消了两者之间的重要的历史差异，而且也忽略了西藏与中原王朝关系的复杂演变。朝贡是一个模糊的概念，包含着不同的历史形态。元、明、清历代王朝和西藏的关系常常被放置在朝贡概念下描述，但性质上却有重要的差异。例如，元朝在西藏设立行省，藏人成为元朝的编户齐民，西藏与元朝的关系可以界定为统一王朝的中央－地方关系。

但这一中央－地方关系与其他中央－地方关系同样不是同质的：元朝在中央专设宣政院以管理西藏和释教事务，并将藏区划分为三道宣慰司。明朝承袭了元朝对西藏的统治，将元朝的三道宣慰司改变为三个都指挥使司，但在"夷夏之辨"的观念影响下，明王朝与西藏的关系逐渐从中央－地方关系转化为较为典型的朝贡关系。清朝皇权综合了蒙古汗统、中原皇帝、满洲族长和藏人信仰的文殊菩萨等多重角色。驻藏大臣及军队驻扎显示了中央政府与西藏之间的直接统属关系，但这一统属关系也并不同于内地各省，这一点从清代理藩院的设立可以清楚看出。理藩院的前身是崇德元年（1636）设立的蒙古衙门，崇德三年六月改为理藩院，属礼部。作为中央政府机构，理藩院除了掌管蒙古、西藏、新疆等边疆区域事务外，在咸丰十年十二月（1861 年 1 月）设立总理各国事务衙门之前，它还兼管俄罗斯事务。理藩院六司分掌爵禄、朝贡、定界、官制、兵刑、户口、耕牧、赋税、驿站、贸易、宗教等事务，另设有内馆、外馆、蒙古学、唐古特学、托特学、俄罗斯学、木兰围场、喇嘛印务处、则例馆等机构。由于朝贡关系没有严格的内外区分，这一概念既可以描述王朝与其属地（如西藏、蒙古）的关系，也可以描述王朝与其藩属的关系（如缅甸、尼泊尔、琉球等），甚至还可用于中国王朝与俄罗斯和西方国家之间的关系，因此，在现代国际关系规范的参照下，将这一概念与 suzerainty（宗主权）或 sovereignty（主权）等概念相关联时，很容易造成历史理解上的扭曲。

伴随着殖民地民族解放运动的发展，拒绝这一宗主关系及其经济依附、寻求民族自决和解放成为一种时代诉求；在这一条件下，宗主权概念也极易在民族主义知识的框架下被用于描述亚洲区域的传统关系。在涉及中国问题时，宗主权概念通常包含了双重意义结构：一方面，它与传统中国的皇权－诸侯的分封关系相对照，将蒙古、新疆、西藏、满洲等"外中国"（Outer China）与所谓"中国本部"（China Proper）或"内中国"（Inner China）区分开来；另一方面，宗主权概念与主权构成了一种对比关系，前者描述帝国（如奥斯曼、中国等）与其周边地区的关系，将周边地区界定为外交上从属于宗主国而内部又包含自治权的政治体，而后者则描述平等国家间的关系。综合两个方面，宗主权概念建立了对内外中国的区分，而这一内外区分是通过欧洲主权国家间关系的透视镜而界定的：这是一种介于主权与从属之间的暧昧的自治领域。实际上，这一暧昧的自治概念是从"suzerainty－宗主权"与"朝贡－藩属－藩地"之间的翻译性关系中衍生出来的，它贯穿了英美等西方国家的西藏政策。很明显，在这一对译关系中，宗主权概念已经被形式化了，它并不包含欧洲历史中的宗主关系与朝贡－藩属关系之间的重要的历史差别。

例如，在1913年10月—1914年7月由英国主导的西姆拉会议上，英国的立场是：西藏应该成为在英国监护之下的、只是名义上属于中国的高度自治地区——这里所谓"高度自治"并不意味着西藏的真正自治，而只意味着英国监护权的权威性。1943年，围绕中国中央政府与西藏的矛盾，英国打算放弃对中国宗主权的承认，而公开支持西藏独立。英国外交部的一份题为《西藏与中国的宗主权问题》的档案明确宣称："中国为了求得远东战后的安宁，其计划与宣传的目的在于，使英国所统治的印度、缅甸和马来亚等地获得独立。就这后两者而论，真正的动机无疑是为中国的政治经济统治扫清障碍"；"为了对西藏要求彻底独立的主张给予有效的支持，我认为，我们应当放弃我们从前承认中国的宗主权的意愿。"[1] 1950年11月15日，萨尔瓦多代表团团长

---

〔1〕 英国外交部档案，371/35755，《西藏与中国的宗主权问题》，1943年4月10日，转引自梅·戈尔斯坦：《喇嘛王国的覆灭》，杜永彬译，北京：中国藏学出版社，2005年，第325页。

赫克托·戴维·卡斯特罗（Hector David Castro）在美国的指使下，要求联合国大会上讨论中国"入侵西藏问题"，英国外交部再次对宗主权（suzerainty）概念加以澄清，以证明西藏不是中国的一部分，而是一个独立的国家。在英国外交部致英国驻印度专员的电报中有如下表述："由于中国对西藏行使宗主权的实际控制程度是随时代的变化而变化的，因此西藏在1911年便摆脱了中国人的控制并且把中国人的军队驱逐出了西藏的领土。到1913年，它已脱离中国而独立，并且于1914年自主地出席了西姆拉三方会议。会议导致了英国、中国和西藏的代表起草了一项条约，承认西藏在中国宗主权下的自治，但是明确地表示防止中国把西藏合并为其一个行省，……虽然中国没有正式在《西姆拉条约》上签字，但是西藏只是在相信条约将生效的基础上才同意再次接受中国的宗主权的。""我们承认中国在1914年之后对西藏享有宗主权是以中国承认西藏自治为前提的；换句话说，我们所承认的这种宗主权是《西姆拉条约》中所规定的那种主权，从1914年起我们就已经接受了西藏直接同别的国家交往的权利。"[1]这一立场也为印度所继承。1950年9月，尼赫鲁对西藏代表团说："印度政府将延续英国人统治时的对藏政策，即表面上把西藏视为中国的一部分而内部却认为西藏是独立的，可是，假如西藏代表声称西藏是完全独立的，那就很难达成协议。""我们将要求中国人不要派军队入藏。"[2]因此，西方国家承认中国对西藏拥有主权并不妨碍它们从别的方面支持在自治名义下的西藏分离主义，这一看似矛盾的现象来源于欧洲殖民主义时代的"suzerainty－宗主权"的翻译政治及其对内外中国的区分。

第二，主权承认的政治从来不是稳定不变的政治，以南斯拉夫解体为例，西方国家起先也按照国际法承认南斯拉夫的主权，但伴随形势的发展，它们很快打破国际法的规则，例如德国就对克罗地亚、斯洛文尼亚独立采取单边承认，它不但违背了国际法，甚至也违背了战后的国内宪法。最近的科索沃独立是又一次既违背国际法也违背西方国家承诺的例证，这一点当年叶利钦大概

---

〔1〕 英国外交部档案，371/84454，英国外交部致英国驻印度高级专员的电报，1950年11月5日；戈尔斯坦：《喇嘛王国的覆灭》，第622—623页。

〔2〕 夏格巴·旺秋德丹：《西藏史》（*Bod kyid don rgyal rabs*），第二卷，噶伦堡，1976年，第417—418页；戈尔斯坦：《喇嘛王国的覆灭》，第581页。

已经预见到了，但他无力回天。"3·14"西藏骚乱发生后，弗瑞德·哈里代（Fred Halliday）在《开放民主》（*Open Democracy*）上发表文章，将西藏问题与巴勒斯坦问题相提并论，认为它们都属于"后殖民羁押综合症"(the syndrome of post-colonial sequestration)。作者认为：将所有的主权争论集中在历史定位问题上是错误的，因为独立问题并不是由历史决定的，而是由国际性的承认关系决定的。他举例说，科威特完全是一个"人造的"国家，但由于得到国际承认，在 1990 年伊拉克入侵时得到了整个国际社会的声援；而巴勒斯坦和西藏则由于在一些关键时期在国际上没有获得重视和承认，从而错失了独立的机会。因此，"即使西藏在若干世纪中一直是中国的一部分，这也并不能否定它宣布独立的当代权利——这是一片语言和文化截然不同、在 1950 年之前拥有数十年现代主权的领土。毕竟，长期受英格兰统治的爱尔兰，受瑞典统治的挪威，受俄国统治的芬兰、乌克兰和波罗的海国家，并没有因此就没有在 20 世纪宣告独立。"[1]哈里代将西藏与他所列举的国家

---

〔1〕 Fred Halliday, "Tibet, Palestine and the politics of failure", in *Open Democracy*, see http://www.opendemocracy.net.

及其他殖民地状况相提并论，将清朝与西藏的关系等同于欧洲国家间的占领或殖民关系，在历史研究上是错误的。但他认为主权国家的形成并不完全取决于历史，而是更多地取决于国际承认的状况，这一点并不错。如果没有西方帝国主义的策动，20世纪前期的西藏不可能出现独立运动；[1]没有西方舆论的支持，当代西藏也不会产生以谋求独立为取向的运动。

2. 民族－国家视野中的中国观与西藏观

在有关西藏问题的讨论中，我们必须追问如下问题：在西方国家普遍承认中国对西藏的主权之时，为什么有那么多西方人同情或者支持"藏独"呢？这个问题包含很多复杂的因素，除了上面谈及的宗主权与主权的争论外，这里先分析其中的两个因素：

首先，西方的民族主义知识、尤其是在这种民族主义知识框架下形成的中国观和西藏观对此起了重要的作用。辛亥革命摧毁了满清这一多民族王朝，并以五族共和的方式建立了新的共和国，但随即面临了同

---

[1] 1942年，西藏"外交局"秘书索康对美国使者明确地说："西藏现在之所以具有独立地位，完全归功于英国。"印度事务部档案，L/PS/12/4299，1943年3月14日驻拉萨的英国代表致锡金政治专员的信。转引自梅·戈尔斯坦：《喇嘛王国的覆灭》，第321页。

一时期欧洲多民族帝国的相似危机：西藏、蒙古和内地各省均出现了独立或自治运动。这一变局也正好与"威尔逊主义"在共和国的第一个十年中的影响相互呼应。站在欧洲"民族原则"的视角内，无论在辛亥革命之后西藏发生的驱汉运动，还是如今的海外"藏独"运动，都遵循着族裔民族主义（以独特的族群、语言、宗教和文化等等相标榜）的逻辑——追求国界与民族及语言疆域相互重合的族裔民族主义或所谓"语言民族主义"。[1]

19 世纪以降，整个世界逐渐地被组织在民族国家的主权体系之中。尽管许多国家（包括欧洲国家）的民族状况极为复杂，但民族主义却主要地呈现为一个极为简单的政治原则，用盖尔纳（Ernest Gellner）的话说，这个政治原则认为"政治的和民族的单位应该是一致的"。"简言之，民族主义是一种关于政治合法性的理论，它在要求族裔的疆界不得跨越政治的疆界，尤其是

---

〔1〕 本尼迪克特·安德森指出："印刷资本主义赋予了语言一种新的固定性（fixity），对'主观的民族理念'而言，这种固定性在经过长时间之后为语言塑造出极为关键的古老形象。""资本主义、印刷科技与人类语言宿命的多样性这三者的重合，使得一个新形式的想象共同体成为可能……"《想象的共同体》（上海：上海人民出版社，2003 年，吴叡人译）第三章，第 52、54 页。

一个国家中，族裔的疆界不应该将掌权者与其他人分割开——这一偶然性在该原则制定时早已被正式排除了。"[1]民族主义情绪据说是这一原则被违反时的愤怒感，或者是实现这一原则带来的满足感。在第一次世界大战结束之际，这一 19 世纪的"民族原则"曾在威尔逊主义的"民族自决"的名义下大行其道，但其流行并非民族发展的必然，而是"两大出人逆料的发展所导致的结果：一是自中欧到东欧，多民族大帝国陆续崩溃倒台；二是俄国革命赐给联军大好机会，使它们可以大打'威尔逊牌'，来抵制'布尔什维克牌'。就像我们所看到的：在 1917 到 1918 年间，真正能大规模动员人民力量的，并非民族自决而是社会革命。"[2]事实上，在战后欧洲，多民族国家是常态，就此而言，那些新兴的

---

[1] 厄内斯特·盖尔纳：《民族与民族主义》，韩红译，北京：中央编译出版社，2002 年，第1、2 页。

[2] 埃里克·霍布斯鲍姆认为：种族屠杀虽然迟至 20 世纪 40 年代才大规模上演，但早在第一次世界大战的末期就在土耳其－南欧边境登场。他指的是 1915 年土耳其将亚美尼亚人强制驱逐出境，以及 1922 年希土战争后土耳其再度驱逐 130 万到 150 万希腊人。"也是基于这项逻辑推演，奉行威尔逊主义的希特勒，才会主张将那些并非居住在其父祖之地的日耳曼人，比方说住在意大利南提罗尔一地的日耳曼人，大举迁居回德国，并将境内犹太人永久驱逐。"引自霍布斯鲍姆：《民族与民族主义》，李金梅译，上海：上海人民出版社，2000 年，第 158 页。

民族国家并未取代所谓"民族囚牢"(prisons of nations)的传统帝国模式。在后冷战时代,国际关系体系的重新整合主要是以"民主"、"人权"或宗教文化等为号召,许多反抗运动——包括针对民族国家的反抗运动——也常常是多民族或跨民族的运动。在东欧和前苏联地区,新民族国家成功的概率与其说取决于民主、人权等口号,不如说取决于是否亲美以及是否符合美国的全球战略需要。然而,在民族主义问题上,"历史事实往往跟理论大相径庭",[1] 多民族社会的普遍存在这一历史事实并不能改变"民族原则"在欧洲的流行。对于某些力量(民族主义的力量或霸权的力量)而言,民族单位与政治单位的一致仍然是最方便的说辞,如果这一原则与宗教信仰的差异相互重叠,就更易于触发民族对立的情绪。苏联和南斯拉夫的解体有着复杂的原因,但其解体的形式是和这一民族主义原则一致的。更早的印巴分治则是从宗教冲突演化为民族对立的例证——其间发生的悲剧和暴力我们已经耳熟能详了。

在当代世界,中国很可能是这个世界上唯一的仍然保持着前 20 世纪帝国或王朝的幅员和人口构成的社会,

---

〔1〕 埃里克·霍布斯鲍姆:《民族与民族主义》,第 160—161、164 页。

但它早已不是清王朝，而是一个主权国家。对于许多西方人而言，如何叙述中国这样一个不但多民族、多宗教而且多文明的跨体系社会（trans-systemic society）始终是一个问题。从比较文化史的角度看，基督教与儒家思想在界定什么是文化上的欧洲或文化上的中国时的角色大致相似，但其实暗含了一种关键性的分歧，用王国斌的话说，"基督教超越了欧洲民族国家的政治边界，而儒家思想将文化边界和政治边界都融合在一个单一的（尽管是复杂的）综合体中。……如果我们假定政治和文化的融合是现代民族主义的一个独有特征，我们会面临这样一个窘境：要将中华帝国的政治建构策略视为'现代的'。"[1]对于欧洲思想而言，如何理解中国历史中的这种将文化边界与政治边界融合在一个共同体中的现象，构成了一个认识论上的挑战。为了回避这一"窘境"，就有必要对于中国另加表述。我在这里举个例子。英国企鹅丛书中有一本中国历史教材，它所表现出的对中

〔1〕 王国斌：《两种类型的民族，什么类型的政体?》，见卜正民（Timothy Brook）、施恩德（Andre Schmid）编：《民族的构建——亚洲精英及其民族身份认同》（*Nation Work，Asian Elites and National Identities*），陈城等译，长春：吉林出版集团有限责任公司，2008年，第134—135页。

国历史的困惑其实很有典型性。该书第一页的第一句话是这样说的:"这个在英语中称之为 China 的国家、人民和文化正处于深刻的总体危机之中……"这个"总体危机"是什么呢?在书的末尾,作者交代说,"这是一个由传承而来的文化和政治秩序的危机,是这一文化和政治秩序得以解码的稿本的危机,是一个伪装成现代统一国家的帝国的危机,它的漫长延续似乎正在受到转向一种特定的资本主义的威胁,……"[1] "伪装成现代统一国家的帝国"是这段话也是这本书的关键所在——中国没有遵守族裔的与政治的疆界的同一原则,它的语言与其说是一种民族语,不如说是一种帝国语言,它的历史叙述与其说是民族史,不如说是帝国的宗教。总之,中国既不像他想象的民族,也不像他想象的国家,它不但混杂着诸多的族群,而且也包含了好几个文明。在他看来,这是一个缺乏内在统一性的帝国,只是靠着集权的力量才将不同区域和族群拢在一起。其实,在他之前,著名的美国中国学家白鲁恂(Lucian Pye)已经对此做过更为精致的表述:"中国在集体和个人两个方面是独特的:

---

[1] W.J.F.Jenner: *The Tyranny of History*: *The Roots of China's Crisis*, London: The Penguin Press, 1992, p.1, 2, 249.

作为一个集体，中国不是一个正常的民族国家；它是一个硬要将自己挤入现代国家形式的文明。在个人层面，没有一个社会（像中国社会这样）更为重视将孩子们铸造为人民，鼓励思想和行为的正确性。"[1]总之，按照他们的观点，中国可以是一个文明、一个大陆、一个帝国，而绝不是一个"正常的民族国家"或"现代国家"。在这里，"正常"与"现代"都是按照西方的自我想象而产生的标准，是硬将自己塞进普遍主义（或所谓普世价值）的框架中的西方特殊主义。这类在民族主义知识框架下形成的中国叙述是以欧洲民族－国家的标准模型为前提的，按照这个标准模型，政治共同体必须以民族体为中心，那种在漫长历史中形成的多民族甚至多文明的复合型社会反而被看成是人为的和强制的。

3.规则的较量：殖民扩张、中国革命与"西藏问题"的发生

　　其次，民族主义知识并不仅仅是西方看待中国的方式，也是一种伴随着资本主义扩张和民族主义运动而不断获得发展的历史力量，包括西藏地区在内的整个中国

---

〔1〕　Lucian W. Pye, *The Spirit of Chinese Politics*, Cambridge, MA：Harvard University Press, 1992, p.ix.该书第一版是1968年出版的。

和相关区域的各种政治关系无不被这一力量所重新塑造。殖民主义的一个直接后果是：由于清朝无力抵抗英国殖民主义的入侵和蚕食，西藏与清朝之间的传统关系发生了变异、矛盾和疏离。鸦片战争后，为了应付沿海的挑战，清朝主动放弃了驻藏大臣对达赖喇嘛和班禅喇嘛两处商业收支的审核权和部分兵权。[1]1841年及1855年，在英国怂恿克什米尔军队入侵西藏阿里和尼泊尔袭击西藏边境时，清朝正深陷鸦片战争和太平天国运动，根本无力驰援西藏。英国在侵略西藏的过程中，也多次设法分化西藏与中央政府的关系，希望获得自身在西藏的特权，而清朝政府无力对西藏提供军事援助，为求自保，反而逼迫西藏采取妥协政策。例如，1856年，在驻藏大臣调节下，西藏被迫签订《西藏尼泊尔条约》；1876年，清英签订的《烟台条约》中包含的涉藏条款也是同一妥协政策的产物；1886—1888年，围绕西藏与锡金边境隆吐山设卡方位问题，西藏与英国产生激烈冲突，但清政府却向驻藏大臣下令撤卡，遭到西藏各界强烈抵制；1888年3月英国发动第一次侵藏战争，攻占隆吐

---

〔1〕 吴丰培、曾国庆：《清朝驻藏大臣制度的建立与沿革》，北京：中国藏学出版社，1989年，第74—75页。

山、咱利、亚东和朗热等要隘,逮捕了居住在春丕谷的哲孟雄土王土朵朗结并将其押往噶伦堡囚禁。战事结束后,1888年年末至1890年间,清朝被迫派驻藏帮办大臣升泰在英国人赫政(James H.Hart)的帮助下与英国在英军营地及大吉岭等地谈判,[1]最终于1890年2月27日在加尔各答签订《中英会议藏印条约》,共八款,除了划定藏哲之界外,条约特别规定"哲孟雄由英国一国保护督理,即为依认其内政外交均应由英国经办;该部长及官员等,除由英国经理准行之事外,概不得与无论何国交涉往来。"[2]导致锡金与清朝的宗主关系彻底崩溃。[3]1893年12月5日,清廷被迫与英国签订了《中英藏印续约》(即《中英会议藏印条款》),解决所谓通商、交涉、游牧等问题。根据这一条约,中国定于1894年开放亚

---

〔1〕 赫政是晚清时代的总税务司赫德(Robert Hart)的弟弟,后者与
　　　英属印度总督有着密切的关系。在谈判期间,他们向英方提供了清
　　　朝的底线。
〔2〕 王铁崖编:《中外旧约章汇编》第1册,北京:三联书店,1982年,
　　　第522页。
〔3〕 根据该条约中的"藏哲通商,……容后再议"一条,两国又在大吉
　　　岭开始谈判。西藏三大寺及僧俗大众联名上书升泰,反对英人入藏
　　　通商游历及开放亚东为商埠,但赫政按照赫德的电示,威胁升泰若
　　　不准许英国要求,印度将撇开中国径自与西藏交涉办理。《帝国主
　　　义与中国海关》第5编"中国海关与缅藏问题",北京:中华书局,
　　　1983年,第156页。

东为商埠，英国可派员驻亚东，查看英商贸易；从亚东开关起五年内，除军火、盐、酒及"各项迷醉药"外，各种货物免税，而清廷一再拒绝的印茶入藏问题，也将于五年后解决。即便是英国侵略者也承认："事实上，此次条约已证明毫无效用，西藏人民从未承认之，而中国当局又完全无力强制藏人也。"[1] 1903—1904年，英国再度发动大规模的对藏战争，清政府通过驻藏大臣一再阻挠西藏军民抵抗，导致一千多名藏军遭英军屠杀，在英军占领拉萨的当天，驻藏大臣有泰甚至拜访侵略军首领荣赫鹏（Colonel Younghusband）并犒赏英军。[2]

英国对西藏的入侵导致了西藏的离心倾向，而后者

---

〔1〕　荣赫鹏（Younghusband）：《英国侵略西藏史》，孙煦初译，拉萨：西藏社会科学院资料情报研究所编印，1983年，第70页。

〔2〕　正如藏学家石硕所说："1888年以来英国对西藏的两次武力入侵为英国在藏取得了经济上乃至政治上的特权，使西藏和中国内地一样开始处于半殖民状态，那么，这两次入侵带来的另一个结果，则是酝酿和形成了西藏地方政府与清政府之间的严重隔阂和矛盾。这种隔阂和矛盾的缘起在于清政府在英国对西藏的两次入侵中均采取了为西藏方面所难以容忍的妥协投降政策。"见石硕：《西藏文明东向发展史》，成都：四川人民出版社，1994年，第418页。本节有关辛亥革命前后清朝与西藏关系的分析，参考了该书第8章（第408—465页）的论述；冯明珠的《近代中英西藏交涉与川藏边情——从廓尔喀之役到华盛顿会议》(国立故宫博物院印行，1996年)，则是有关中英西藏交涉和川藏边情研究的重要成果。

引发了清朝政府对于西藏进行直接控制的努力。清统治者终于认识到西藏很可能像锡金和不丹那样沦为英国的保护国。伴随着藏英冲突转化为西藏与清朝政府的矛盾，清朝政府一改以往的方式，开始直接干预西藏事务，激化了两者之间的矛盾。由于矛盾和误解日深，十三世达赖在 1904 年出走蒙古与 1910 年出逃印度时两度被撤销封号。1905 年，在康区的巴塘，清朝政府颁布了削减寺庙僧侣数量并在 20 年内禁止招收僧徒的决定，并赐予巴塘天主教牧师一块土地，导致寺庙喇嘛的反抗。[1]1906 年 4 月 27 日在北京签订的《中英条约》，实际上否定了 1903—1904 年英国对藏战争的主要成果；在清朝政府推行"新政"的背景下，朝廷派赴美归来的张荫棠"领副都统"衔，以驻藏帮办大臣身份进藏"查办藏事"；同年 10 月，在达赖自蒙古返藏途中，清朝皇帝下令他在青海塔尔寺暂住，推迟返藏日期，以巩固清朝在藏的地位，结果达赖在青海停留了整整一年；1907 年，清政府又派联豫为驻藏大臣与张荫棠共同筹办新政，制订训练强大军队的计划，建立世俗政府部门，使西藏政府世俗化；设计公路和电报线路方案，制

---

〔1〕 梅·戈尔斯坦：《喇嘛王国的覆灭》，第 8 页。

订资源开发计划，甚至用儒家伦理和近代思想改变西藏风俗。1907 年在拉萨开设一所汉文学校，1908 年设立军校。[1]1908 年，川滇边务大臣赵尔丰则在平定了康区叛乱之后，在川边（西康）一带实行大规模改土归流。这些"新政"措施严重脱离西藏政教合一的社会体制，"带有较为深厚的满汉大民族主义色彩"，[2]但需要说明的是："新政"是为了回应英国殖民主义的入侵和支配而产生的回应措施。为平息和应付藏人对"新政"的抵触和反抗，1910 年，清廷派协统钟颖率军纪极差的两千川军进驻拉萨，直接导致了达赖的第二次出走；1911 年，辛亥革命的消息传至拉萨，迅速触发了驻藏清军的内讧和哗变，他们恃武力抢劫寺院、商店，甚至屠杀藏人，而清朝的灭亡也为这一时期的分离主义埋下了伏笔，两者共同激发了藏人对汉人的仇视和反抗情

〔1〕 邓锐龄、陈庆英、张云、祝启源：《元以来西藏地方与中央政府关系研究》，北京：中国藏学出版社，2005 年，第 794—803 页；梅·戈尔斯坦：《喇嘛王国的覆灭》，第 8 页。

〔2〕 石硕指出："赵尔丰在川边一带的改革，不仅以血腥的武力镇压为先导，还……带有很大的军事扩张成分，所以，清政府在西藏和川边推行'新政'的结果适得其反，实际上大大加剧和扩大了汉藏矛盾。"《西藏文明东向发展史》，第 426 页。

绪。[1]1912 年，在清朝灭亡的背景下，经尼泊尔人的调解，所有清朝驻藏官员和清军被驱逐回内地，清朝对西藏的统治系统至此彻底瓦解。

清朝与西藏关系的上述双重变化与西藏上层的离心倾向是相辅相成的。1912 年，尚未回到西藏的十三世达赖尚下达"驱汉令"说："内地各省人民，刻以推翻君王，建立新国。嗣是以往，凡汉人递送西藏之公文政令，概勿遵从……汉人官吏军队进藏，是其信用既已大失，犹复恣为强夺，蹂躏主权，坐令我臣民上下，辗转流离，逃窜四方，苟残恶毒，于斯为极……自示以后，……苟其地居有汉人，固当驱除净尽，即其地未居汉人，亦必严为防守，总期西藏全境汉人绝迹，是为至要。"[2]所谓"内地各省人民，刻以推翻君王，建立新国"的说法，将"驱汉"行动的合法性建立在新型的、亦即民族主义的"承认的政治"之上。这种"承认的政治"完全不同于以宗教和朝贡关系为纽带的传统模式，一方面与

---

〔1〕 随钟颖军队入藏的管带陈渠珍在 1936 年著成《艽野尘梦》（拉萨：西藏人民出版社，1999 年）一书，记述入藏的经历，对这一过程提供了当事人的第一手描述。

〔2〕 引自牙含章：《达赖喇嘛传》，北京：人民出版社，1984 年，第 240页；石硕：《西藏文明东向发展史》，第 8 章，第 408—465 页。

辛亥革命后各省的独立和自治运动相互呼应，另一方面又内含严分汉藏的种族要素和较之分省自治运动更为明确的建立"新国"的民族主义要素。在回到西藏二十天后，他又向他的官员和属民发布了一个单方面拥有统治权的声明，将西藏与明朝、清朝以宗教和朝贡关系为纽带的传统模式界定为"供施关系"。这一供施关系的界定事实上建立在上述种族的和国家的双重要素的地基之上。如果将这两个要素与1912年发生的外蒙宣告独立和1913年1月签订的《蒙藏协定》联系起来观察，我们可以清晰地看到一种以追求"政治的和民族的单位应该是一致的"民族主义分离运动。《蒙藏协定》称："蒙古西藏均已脱离满清之羁绊，与中国分离，自成两国，因两国信仰同一宗教，而欲增进古来互相亲爱之关系。"[1]

但是，这一追求"独立"的"承认的政治"不是"独立地"产生的。首先，除了英国的两次对藏战争和随后签订的不平等条约之外，在整个20世纪，其他区域的和全球性的势力也开始直接介入西藏问题。在1904年英

<hr />

[1] 引自（英）柏尔：《西藏之过去与现在》，宫廷璋译，上海：商务印书馆，1930年；石硕：《西藏文明东向发展史》，第429页。

国侵占拉萨之前，沙皇通过他的内线、俄国布里亚特蒙古人多吉也夫，亦即十三世达赖的侍读堪布德尔智，劝说达赖投靠俄国。十三世达赖为了抵抗英国入侵有意与俄国联合，但他的最初动机并非独立。在出走蒙古时，他公开声明："先去蒙古，再赴北京陛见皇太后和光绪皇帝。"[1] 1910 年 2 月，清朝在西藏推行"新政"，刚返藏不久的达赖再度出走印度，并于 1913 年 1 月派德尔智前往外蒙首府库伦与外蒙签订条约，相互承认为"独立国家"，其中的"俄国因素"是显而易见的。1913年10 月，在中、英、藏三方参加的西姆拉会议上，西藏地方代表夏札·边觉多吉在英国的怂恿下，提出"西藏独立"的诉求；1915 年年底，"中英藏事会议"在伦敦召开，主要内容涉及修改光绪三十一年（1905）签订的原约及附带条件。[2] 从那时开始，

─────────

〔1〕《西藏文史资料选辑》第七辑，拉萨：西藏自治区政协文史资料研究委员会编，1985 年，第68 页。

〔2〕 1905 年原约第五条载明："西藏大员尊北京政府训令，深愿改良西藏法律，俾与各国法律改同一律"，英国则应允在中国放弃治外法权等。但民国之后，英国"以中国司法，尚未十分改良，而藏地尤甚"为由，"拟援十年修改约章之例"，取消此条，并要求中国开放拉萨。参见《青年杂志》第一卷第四号（1915 年 12 月）"国内大事记"所载"中英藏事会议"，第 3 页。

西藏上层始终存在着谋求"独立"的倾向，如 1942 年西藏成立"外交局"，引发了与国民政府的矛盾；同年年底，著名作家托尔斯泰的孙子伊利亚·托尔斯泰（Ilia Tolstoy）上尉与布卢克·多兰（Brooke Dolan）中尉带着罗斯福总统的信件和礼物进入西藏，小托尔斯泰声称他将建议美国政府在战后邀请西藏参加"和平会议"；[1]1946 年派代表团赴印度出席"泛亚洲会议"。[2]1948 年初，西藏噶厦派"财政部长"的孜本·夏格巴（Tsepon Shakapa）率"商务代表团"访问美国、英国、法国、意大利等国，意在寻求西方国家对"西藏独立"的支持；在美国，他们得到了国务卿马歇尔（Marshall）及远东司司长的接见。马歇尔不顾美

---

〔1〕 梅·戈尔斯坦：《喇嘛王国的覆灭》，第 319—320 页。

〔2〕 1946 年底，美国驻印使馆代办提醒国务院防止南亚和东南亚地区的反美势力控制政权，建议美国在西藏建立空军基地和火炮发射基地，并用藏传佛教作为反共产主义意识形态的屏障，只是考虑到美国与中国的关系，此议未执行。(See *Foreign Relations of the United States* [*FRUS*], *1947*, *VII*, *Tibet*, *The Charge in India* [*Merrell*] *to the Secretary of State.The acting Secretary of State to the Charge in India* [*Merrell*], pp.589—592.) 类似的外交政策辩论在 1949—1950 年间也曾发生，当时美国国务院内部有过关于西藏政策的大讨论，由于担心触怒中共及苏联，美国政府没有接受美国驻印度大使洛伊·亨德森（Loy Herderson）关于支持西藏独立的观点。

国只能向主权国家出售黄金的规定，批准了此项交易。[1]1950年3月，美国驻印度加尔各答领事馆与夏格巴密商，决定将武器储存在沿西藏边境的锡金、尼泊尔、不丹一侧，以便藏方使用；5月，美国与印度达成协议：美国将大批援藏步枪、机关枪、手榴弹及弹药等在印度加尔各答卸下，免受检查，经由大吉岭由美士兵武装护送运往西藏。[2]11月1日，国务卿艾奇逊谴责人民解放军"侵略"西藏的行动。半个月后，萨尔瓦多代表团团长赫克托·戴维·卡斯特罗（Hector David Castro）在联合国大会上提出讨论中国"入侵西藏问题"，他的背后同样是美国。1951年《十七条协议》签订后，美国不但怂恿达赖集团利用联合国提出"西藏问题"，鼓励达赖流亡不丹、锡金或尼泊尔，也承诺将接受达赖等一百人到美国避难。在此之后，围

---

〔1〕 *FRUS*, *1948*, Ⅶ, *Tibet*, *The Secretary of State to the Leader of the Tibetan Trade Mission* (Shakabpa), pp.779−780；*FRUS*, *1948*, Ⅶ, *Tibet*, *Memorandum of Conversation*, *by the Secretary of State*；*Memorandum of Conversation*, *by the Assistant Chief of the Division of Chinese Affairs* (Freeman), pp.775−776, 782−783.

〔2〕 "新华社引印通社新德里5月11日电"，《西藏地方历史资料选辑》，第378—379页。

绕西藏独立等问题，美国与噶厦政府之间进行了长期的策划。[1]1955年春天，美国中央情报局在噶伦堡城郊征募西藏士兵，并先后在台湾、冲绳群岛、塞班岛、关岛等地秘密进行训练，这是1959年前后策动和支持达赖喇嘛武装反叛和出走的前奏。[2]所谓"西藏问题"的"国际化"正是上述过程的产物。

其次，西藏危机不是孤立的问题，而是一种体系性变迁的结果。从18世纪晚期开始，在与西藏紧邻的喜马拉雅山南麓，传统的多重朝贡体系相继沦为英国的势力范围。这里所谓多重朝贡体系指的是这一体系虽然以清朝为中心，但又存在复杂的交叉关系，其中既包括藩属与属地的区别，又包含藩属与藩属、属地与属地之间的差异。例如，尼泊尔向清朝朝贡，但与西藏存在军事冲突；阿萨姆为缅甸藩属，而缅甸向清朝朝贡；拉达克为

---

〔1〕 以上有关美国介入西藏问题的讨论，均参见和引述自李晔、王仲春：《美国的西藏政策与"西藏问题"的由来》，《美国研究》1999年第2期。

〔2〕 John Prados, "Presidents Secret, Wars-CIA and Pentagon Cover Operation Since W. W. II." New York: William Marrow and Company, Inc., 1986, p. 159; Carole McGranahan, "Tibet's Cold War: The CIA and the Chushi Gandru Resistance 1956-1974", see Journal of Cold War Studies, Vol. 8, No. 3, Summer 2006, pp. 102-130.

西藏属地，而西藏又为清朝属地；锡金为西藏藩属，同时又受清朝的控制；不丹既是清朝藩属，又是西藏的藩属，还与同为中国藩属的尼泊尔存在冲突。但是，伴随英国对这一区域的侵略和蚕食，尼泊尔于 1816 年、阿萨姆于 1826 年、拉达克于 1846 年、锡金于 1861 年、不丹于 1865 年、缅甸于 1886 年相继为英国控制。

英国在这一地区的殖民活动有两个特点：第一，以武力入侵打开这些国家的大门，但并不依赖直接的军事占领；通过强迫这些国家与之签订不平等条约，以"国家间条约"的形式确认这些国家的被保护国地位，进而瓦解这一区域的传统关系，尤其是这些国家与清朝及西藏之间的朝贡关系。当然，英国殖民主义者常以东印度公司的名义发动战争和签订条约，但条约形式遵循的仍然是欧洲国家间条约的基本形态。英国对尼泊尔的控制始于 1767 和 1769 年东印度公司的两次入侵，但遭遇廓尔喀的激烈抵抗，不得不转向对不丹的控制。无论是前者还是后者，主要的目的都是进入西藏。1772 年，东印度公司派兵进占不丹的三个城堡，[1]六世班禅致函英

---

〔1〕 英国入侵不丹的契机是不丹与库奇·比哈尔（Cooch Behar）的冲突，后者向东印度公司求救。

属印度总督，声明不丹隶属于达赖喇嘛。以此为契机，1774年，英国与不丹签订了条约，并派博格尔（George Bogle）出使西藏，班禅以西藏"属中国大皇帝管辖为由"拒绝，[1]但在印度僧人普兰吉尔的帮助下，博格尔于1774年进入后藏并逗留数月之久。1775年，英属印度政府派曾陪同博格尔入藏的汉米尔顿转道不丹二度入藏，再次遭到班禅的反对。[2]1814年，英国东印度公司入侵尼泊尔与哲孟雄（锡金），于1816年与尼泊尔签

---

[1]　班禅信中说：西藏"属中国大皇帝管辖，大皇帝有令，不许莫卧尔人、印度人、帕坦人或佛林（即英国人）入藏。"Clements R. Markham, ed.: *Narratives of the Mission of George Bogle to Tibet and of the Journey of Thomas Manning to Lhasa*, New Delhi, 1971, p.3, 45.

[2]　班禅于1775年7月致函英属印度总督哈斯丁斯云：西藏"完全受中国皇帝统治，皇帝陛下对西藏全部事务进行积极的、毫不松懈的治理，同外国保持任何联系或建立友谊，均会引起陛下不悦，经常向你们派遣信使实超出稳定权力……"（"Tashi Lama to Hastings", received 22 July 1775, A. Lamb: *British India and Tibet 1766–1910*, London & New York, 1986, p.15.）1783年班禅转世（六世班禅进京祝贺乾隆七十寿辰，患天花去世），哈斯丁斯派特纳（Samuel Turner）入藏收集情报，但由于1784年英国国会通过"改善东印度公司和英属印度领地行政法"，东印度公司改组，哈斯丁斯辞职，相关活动暂缓，但英国也并未放弃经由西藏打开中国大门的企图。英国在西藏及尼泊尔、不丹问题上的态度是其整个殖民活动的有机部分。本文有关不丹的讨论及相关资料，均参见和引自高鸿志著：《英国与中国边疆危机》，哈尔滨：黑龙江教育出版社，1998年，第25—31页。

订《塞哥里条约》(The Treaty of Sagauli)，将尼泊尔南部约一万平方公里的领土割让给英属印度，并规定尼泊尔与哲孟雄（锡金）或其他任何一国发生纠纷，均应由英国政府裁决；1817年2月，东印度公司又与哲孟雄签订《梯特里亚条约》，以将尼泊尔侵占的泰莱和莫兰西区归还哲孟雄为条件，要求哲孟雄同意东印度公司管理该国的对外关系，并对英属印度商人提供保护、免除苛税。这一条约使得英国获得了通过哲孟雄至西藏边界贸易的权利。1835年英国人割据大吉岭和兰吉德河以南的地区，于1861年迫使哲孟雄签订条约，将其置于英国的控制之下。1864年，英方发动对不丹的武装入侵，逼迫不丹于1865年11月签订《辛楚拉（Sinchula）条约》，不但获得了噶伦堡等大片土地，而且使不丹成为英国附庸。[1]1887年，英国强占仍然保持着与清朝的宗主关系的哲孟雄并派驻专员。1888年3月，英国发动第一次对藏战争，先后于1890和1893年逼迫清朝签订《中英会议藏印条约》及《藏印续约》，前者承认了英国对锡金的"保护"，后者开放亚东为商埠，英国

---

[1]　在此之前，1826年，英属印度占领了与不丹接壤的阿萨姆（Assam）土邦，控制了原先由不丹掌握的七个边界山口；在此之后，1910年1月，不丹再次被迫与英国签订《普那卡条约》。

人获得了贸易特权及领事裁判权。哲孟雄从此彻底沦为英国的"保护国"，西藏的大门由此打开。[1]

第二，英国对于尼泊尔、不丹和锡金的入侵和控制

---

[1] 英国的这一系列条约为独立后的印度继承其殖民遗产铺平了道路。印、不于1949年签订《永久和平与友好条约》。按照这个条约，两国实行开放边界，自由通商，印度很自然地成为不丹最大的贸易伙伴、援助国和债权国。20世纪80年代末和90年代初，不丹驱逐了约10万尼泊尔族人，他们现在居住在尼泊尔东部的七个难民营内，由联合国难民署管理，不、尼两国为解决难民问题举行一系列会谈，至今遣返工作没有完成。这一边界与难民问题直接渊源于英国殖民主义遗产，但其呈现形式却是民族国家间的矛盾。锡金与印度的关系更为特殊。1947年，印度与锡金签订《维持现状协定》，继续往锡金派驻专员。1949年6月初，印度以"防止动乱和流血"为由，派兵进驻锡金，接管了成立不到一个月的新政府，并委任印度人拉尔为锡金首相。1950年12月《印度与锡金和平条约》签订，规定锡金为印度的"被保护国"，印度"合法地"控制了锡金的国防、外交、经济等大权。1968年8月，甘托克爆发反印示威，要求废除《印度与锡金和平条约》。1973年4月印度对锡金实行军事占领。1974年6月20日，锡金议会通过了由印度拟定的锡金宪法，规定印度政府派驻的首席行政官为政府首脑和议会议长。同年9月，《印度宪法修正案》规定锡金为印度的"联系邦"，在印度两院各为锡金设一个议席。1975年，印度军队解散锡金国王的宫廷卫队，软禁锡金国王，并于4月10日，由被印度收买了的（通过原首相）锡金议会通过决议废黜国王，将锡金并入印度。4月14日，锡金就此举行"全民投票"，并由印度议会通过决议，锡金从此成为印度的一个邦。尼泊尔是喜马拉雅山地区的几个小型王朝中唯一保持了独立地位的国家，但尼－印关系在许多方面与不－印、锡－印关系十分相似——印度独立后与尼泊尔签订《和平友好条约》，继承了英国人的殖民条约的大量内容，至今困扰尼泊尔的南部移民和边界问题就是一个显著的例证。

68

均以进入西藏为目的，而后者又是为了打通进入中国的大门。因此，英国及其他势力在喜马拉雅山地区的活动与它们通过中国东南沿海的鸦片贸易打开中国大门是完全相互配合的。例如，1788年和1791年，尼泊尔两次入侵西藏，第二次占领了日喀则，并劫掠扎什伦布寺，引发清朝的对尼战争。在第二次战争中，英属印度总督考伦华理斯（Lord Cornwallis）不顾达赖的反对，同意向尼泊尔提供武器，条件是尼泊尔必须与英国签订商约。1792年3月1日，尼泊尔被迫与东印度公司驻贝拉瑞斯（Benaras）代表邓肯（Jonathan Duncan）订立商约；但同年9月15日，考伦华理斯致信尼泊尔国王，以东印度公司与中国的商业关系为由，表示不能援助尼泊尔。[1]根据高鸿志的研究，英国拒绝派军队援助尼泊尔的主要原因有三：一、中尼战争的时期与马嘎尔尼使团出访清朝相互重叠，英国不愿因为尼泊尔问题而影响马嘎尔尼与清朝围绕贸易等问题展开的谈判；二、1790—1792年也正是英国与印度南部的迈索尔王

---

〔1〕 W.Kirkpatrick：*An Account of the Kingdom of Nepal*, *Being the Substance of Observations Made during A Mission to that Country in the Year 1793*, London, 1811, p.350.高鸿志：《英国与中国边疆危机》，第33—34页。

国发生激烈战争的时期，缺乏在尼泊尔进行军事干预的实力；三、1792 年 9 月 15 日这一天适逢考伦华理斯收到坐探的情报，得知尼泊尔战败已成定局。这样他的态度就从倾向于军事支援尼泊尔向调停双方冲突的方向转变。[1]中尼战争之后，清廷加强了对西藏的管理，并于 1793 年颁布《钦定藏内善后章程》，制定了包括金瓶掣签及财政、货币、军事等制度，确认驻藏大臣拥有与达赖、班禅同等的地位和职权。

值得注意的是：中英在喜马拉雅地区的冲突建立在两种政治合法性及其规则的较量的基础之上。与英国采用条约形式蚕食这一地区不同，清朝对西藏的治理并未越过达赖、班禅、金瓶掣签及其他宗教、朝贡和礼仪形式。西藏与元朝、明朝和清朝的政治隶属关系依托于西藏对中原王朝的政治、军事和经济的依赖，但不仅如此，这一关系的持久运行还得益于一套建立在宗教、礼仪和其他交往的复杂形式之上的富于弹性的朝贡制度。这一制度依据参与这一制度实践的动态关系而不断地发生着变化，无论两者是趋于更为紧密的联系（如元朝和清朝），还是相对的疏离（如明朝），都不能够用民族主

---

〔1〕 高鸿志著：《英国与中国边疆危机》，第 34—35 页。

义时代的统一与分裂的概念加以说明。从这个角度看，清朝的西藏政策不仅产生于中央－地方之间的互动关系，而且从一开始就与广阔的地缘政治及其规则的演变密切相关。我在这里提出的基本论点是：在清朝与列强之间的不平等条约的签订是以整个区域关系及其规则的变化为背景的。这个规则性的变化就是从传统的多重朝贡关系向殖民主义条件下的民族国家关系转变，从内外相对化的承认关系向内外分明的主权承认关系转变——前者以普遍王权及其多元的承认关系（如宗教关系、政治关系、蒙古－准噶尔－满洲－中原政权的多重关系等）为纽带，而后者则以主权的民族国家及其承认关系为前提。当主权体系作为一种国际关系的规范确立之后，传统朝贡关系条件下的中央－地方关系不得不发生根本性的转变，领土、族群和宗教等要素被界定为划分不同政治共同体的基本范畴，而在这些诸多要素中，领土内的行政管辖权成为现代国家主权的主要表现形式。1950年代以后中国的西藏政策必须置于这一规则性转变之中才能获得全面的理解。如果说19世纪晚期西藏出现的分离性趋势主要产生于殖民条件下中国的衰落和危机，那么辛亥革命之后的同一趋势已经与一种新的概念即主权的民族国家概念发生了关联。

三 民族区域自治与"多元一体"的
　　未完成性

1. 中国民族主义的三种形态

在 19 世纪和 20 世纪的民族运动中，政治认同的关键议题凝聚于"种族"与"国家"及其相互关系之上。从 1912 年民国建立至 1949 年中华人民共和国成立，中国各地先后出现过各种独立或割据浪潮，不仅西藏、蒙古、青海、四川凉山等民族地区先后出现不同形态的离心运动，即便是东北、广西、湖南、广东、四川、贵州、云南及其他地方，也在不同时期出现独立、自治、割据状态。晚清以降，除了针对中央政府的分离趋势之外，西藏内部也产生一系列分裂危机，例如 1904—1906 年达赖流亡蒙古期间，英国通过邀请班禅访问印度等方式，促成其与达赖的分离。1912—1913 年，班禅拒绝参与达赖的驱汉运动。十三世达赖圆寂后西藏与康巴藏区之间也发生了严重的冲突。上述不同类型的分裂趋势是同一政治危机的产物，但由于前者涉及民族认同并地处边陲，情形更为严重。为了抗拒帝国主义入侵和克服内部分裂，中国近代民族主义运动试图重建对中国的理解，其要点同样是将中国界定为一个主权的民族－国家，以确定其在国际关系中的独立地位。民族救亡运动不得不诉诸殖民主义创造的世界秩序及其政治合法性原则。1912 年十三世达赖的"驱汉令"和 1913 年的《蒙藏协定》所包含的种族、宗教和国家的多重要素与晚清民初高涨的汉族种族意识和政治民族主义桴鼓相应，它们诉求不一，但同受民族主义潮流的影响。在普遍王权瓦解和社会分裂的格局中，"一民族一国家"的观念内含于各种国家论述中，所谓"合同种而排除异种所建立的国家即为民族主义"。[1] 但这一民族－国家的普遍规范也为中国近代革命中的民族问题添加了许多复杂因素：如何在族群、宗教、语言、文化和习俗如此复杂的中国社会构造"民族－国家"？

归纳起来看，晚清以降，中国的民族主义可以区分为三种主要的形态：一、辛亥革命前，为推翻清朝，孙中山、章太炎等革命党人倡导以反满为中心形成汉民族国家论，所谓"驱除鞑虏，恢复中华"的口号及尊黄帝为中华民族始祖就是这一汉民族主义的产物。但是，正如许多论

---

〔1〕《民族主义论》，《浙江潮》第 1—2 期，《辛亥革命前十年间时论选集》第 1 卷，北京：三联书店，1978 年，第 486—488 页。

者指出的，这一汉民族主义是适应革命造反而产生的理论，一旦掌握政权的目的达到，它必然会向其他两种形态转化。二、康有为、梁启超以国际竞争和多民族的历史状态为根据，倡导"合群救国论"或"大民族主义"。这一理论认为汉、满、藏、回、蒙早已相互同化，应该在君主立宪框架下形成民族国家或国民国家。康、梁等人要求保留君主立宪的政体形式及以孔教为国教的想法，实际上透露了一种焦虑，即虽然认为满、蒙、藏、回、汉同属"中华民族"，但在宗教、血统、语言、风俗习惯等方面的确存在着巨大的差异，因此，必须找到一种能够容纳这些差异的政体形式及其意识形态。[1]第三，中华民国成立后"以清帝国的国家界线来断定民族范围的国族主义"或"多元性单一民族论"，[2]其典型的表达就是孙中山在就任中华民国临时大总统时的宣言："国家之本在于人民，合汉满蒙回藏诸地为一国，合汉满蒙回藏诸族为一人，

_____

〔1〕 韩国学者柳镛泰又对康有为、梁启超的观点作出区分，认为康主张满汉同种，并对革命派的汉族中心主义进行批判，而梁是"多元性单一民族论的始祖"。见柳镛泰：《近代中国的民族认识和内面化了帝国性》(打印稿)，第11—12页。

〔2〕 同上书，第12、13页。

是曰民族之统一。"[1] 孙中山要把中国所有的民族融合为"一个中华民族"的观点此后在国民党及其周边的知识分子的民族思想中占据重要位置，例如蒋介石在《中国之命运》中说："就民族成长的历史来说：我们中华民族是多数宗族融合而成的。融合于中华民族的宗族，历代都有增加，但融合的动力是文化而不是武力，融合的方法是同化而不是征服。""由于上述，可知中华民族意识的坚强，民族力量的弹韧，民族文化的悠久博大，使中华民族不受侵侮，亦不侵侮他族。惟其不受侵侮，故遇有异族入据中原，中华民族必共同起而驱除之，以光复我固有的河山。惟其不侵侮他族，故中华民族于解除他互相轧轹互相侵凌的痛苦与祸患的同时，能以我悠久博大的文化，融合四邻的宗族，成为我们整个民族里面的宗支。"[2] 顾颉刚在致洪煨莲书中说："中国无所谓汉族，汉族只是用了一种文化统一的许多小民族。"[3]这个看法不但与康有为为批驳晚清革命派的反满民族主义

---

〔1〕 孙中山：《临时大总统宣言书》(1912 年 1 月 1 日)，《孙中山全集》第 2 卷，北京：中华书局，1982 年，第 2 页。

〔2〕 蒋中正：《中国之命运》，重庆：正中书局，1943 年 3 月，第 2、5 页。

〔3〕 顾颉刚：《编中国历史之中心问题》，见《顾颉刚学术文化随笔》，顾洪编，北京：中国青年出版社，1998 年，第 3 页。

言论而展开的对汉人历史的混杂性论述一脉相承，而且也与蒋介石的说法声气相通。1934 年，国民政府派黄慕松使团入藏时，拉萨大街小巷布满了用汉藏文双语写成的告示，宣示"中华民国五族之间的关系如同一家"，[1]证明这一观念也指导着国民政府的对藏政策。

韩国学者柳镛泰认为：所有这些不同类型的中国民族主义论述都将"中华民族"这一概念建立在以多数民族（汉族）同化和融合其他少数民族的前提之下，[2]因此，"内面化了帝国性"构成了中国现代民族主义的重要特性。现代中国是在清王朝的地域和人口结构之上形成的，就其多民族政治体而言，现代中国（无论是中华民国还是中华人民共和国）与早期帝国之间有着某种重叠关系。但我在这里提出三点补充：一、中国民族主义是在遭受帝国主义入侵前提下形成的，它对"中华民族是一个"这一原则的强调是对帝国主义入侵条件下民族分裂危机的回应；民族融合与主权独立是整个 20 世纪

〔1〕　印度事务部档案，L/PS/12/4177，1934 年 6 月 27 日锡金政治专员致印度政府的信，转引自梅·戈尔斯坦：《喇嘛王国的覆灭》，第 172 页。

〔2〕　柳镛泰：《近代中国的民族认识和内面化了帝国性》（打印稿），第 2 页。

民族解放运动的普遍目标。二、在行政设置方面，同化论或融合论主张将传统的"郡县"制度（行省制）推广至帝国疆域内部的朝贡体系之中，这一单一国家体制与朝贡条件下的"帝国性"完全不同，其理论基础是"中华民族一律平等，无种族、阶级、宗教之区别"。[1] 三、这些"一体论"主张与中国共产党的民族政策并不一致，中华人民共和国的民族区域自治建立在承认民族差异和鼓励民族合作、交往和共同发展的前提之上。从根本上说，尽管中国历史中的文化融合和政治统一为现代中华民族的形成提供了深厚基础，但我们不可能离开近代中国革命讨论现代中国的确立——中华民族这一概念是与人民主权的概念一道诞生的，脱离这一革命进程及其价值观讨论现代中国与帝国结构的相似性，并不能把握作为一个政治民族的中国概念。

2. 民族区域自治及其基本原则

从孙中山到中国共产党，他们都曾在民族平等的原则下追随列宁的民族自决理论，但后来各以不同的方式寻找适合中国的制度安排。当代中国实行的民族区域自治制度是现代中国革命的产物，它的出发点虽然也继承

---

〔1〕《中华民国临时约法》，见《孙中山全集》第2卷，第220页。

了近代民族革命的遗产，但存在重要的创新。从制度形态上看，民族区域自治不同于统一的行省制之处在于，它以制度的方式突出了民族区域与其他区域在族群、文化、宗教、语言、习俗和社会发展方面的差异；从政治上看，民族区域自治论不同于民族自决论和民族国家内的联邦论（或苏联式的加盟共和国论），它并没有否定中华民族的一体性；从内涵上看，民族区域自治不同于族裔民族主义的政治原则，因为自治体并非完全建立在族裔范畴之上，而是建立在"民族区域"这一范畴之上。民族区域自治制度汲取了传统中国"从俗从宜"的治边经验，根据不同的习俗、文化、制度和历史状态以形成多样性的中央－地方关系，但这一制度不是历史的复制，而是全新的创造，其中国家主权的单一性与以人民政治为中心的社会体系的形成是区别于王权条件下的朝贡体制的关键之处。我把它看成是帝国遗产、民族国家与社会主义价值的综合。这个综合不是随意的或随机的综合，而是以平等、发展和多样性为方向而进行的持续探索、创新和实践。

什么是民族区域自治的基本原则？民族区域自治的第一个原则是强调民族合作，反对民族分立。这里所谓"分立"不同于"分裂"的概念，它强调的是在一个政治共同体内，应该以交往的形态而非各自分立的形态建立普遍联系。民族合作这一概念以承认多民族状态为前提，对趋向于"分立"的大民族主义和小民族主义进行双重批判。合作的前提是民族平等——不仅是汉族与其他各少数民族的平等，而且是各少数民族之间的平等。周恩来在谈及这个问题时说："历史发展给了我们民族合作的条件，革命运动的发展也给了我们合作的基础。因此，解放后我们采取的是适合我国情况的有利于民族合作的民族区域自治制度。我们不去强调民族分立。现在若要强调民族可以分立，帝国主义就正好来利用。即使它不会成功，也会增加各民族合作中的麻烦。例如新疆，在解放前，有些反动分子进行东土耳其斯坦之类的分裂活动，就是被帝国主义利用了的。有鉴于此，在成立新疆维吾尔自治区时，我们没有赞成采用维吾尔斯坦这个名称。新疆不仅有维吾尔一个民族，还有其他十二个民族，也不能把十三个民族搞成十三个斯坦。党和政府最后确定成立新疆维吾尔自治区，新疆的同志也同意。称为新疆维吾尔自治区，'帽子'还是戴的维吾尔民族，因为维吾尔族在新疆是主体民族，占百分之七十以上，其他民族也共同戴这个帽子。至于'新疆'二字，意思是新的土地，没有侵略的意思，跟'绥远'二字的意思不同。西藏、内蒙的名称是双关的，又是地名，又是族名。名称问题好像是次要的，但在中国民族区域自治问题上却是很重要的，这里有一个民族合作的意思在里面。要讲清楚这个问题。"[1]

民族区域自治的第二个原则就是在承认民族多样性的条件下不以单纯的民族作为自治单位，而是以民族区域作为自治单位。以民族区域自治的形式，而不是联邦制或加盟共和国制的形式，实行民族合作，也是从中国的历史条件出发的。1957年，周恩来在《民族区域自治有利于民族团结和共同进步》中，比较了苏联与中国的不同状况，其要点是：中国汉族人口基数大，不同民族混居的历史久远，若以民族为单位实行加盟共和国或联邦制，将会导致民族隔离和民族纠纷。他说："我国和苏联的情况很不同。在我国，汉族人口多，占的地方少，少数民族人口少，占的地方大，悬殊很大；在苏联，俄罗斯人口多，但占的地方也大。中国如果采取联邦制，就会在各民族间增加界墙，增加民族纠纷。因为我国许多少数民族同汉族长期共同聚居在一个地区，有

---

〔1〕 引自周恩来在1957年8月4日青岛民族工作座谈会上的《关于我国民族政策的几个问题》的发言，《周恩来选集》下卷，北京：人民出版社，1984年，第259—260页。

些地区，如内蒙古、广西、云南，汉族都占很大比重，若实行严格的单一民族的联邦制，很多人就要搬家，这对各民族的团结和发展都很不利。所以我们不采取这种办法，而要进行民族区域自治的政策。"[1] 2004 年春天，我去中甸参加"藏族文化与生物多样性"讨论会，人类学者萧亮中曾经在会上提到少数民族间的分离趋势。萧是当地人，白族，他的家庭中就有四个民族的血统。他指出：这种分离趋势是由于外来投资——主要是通过非政府组织的项目——都集中在藏区，而西方世界对于西藏文化的想象又鼓励了藏人的民族自豪感。投资的流向是和这些组织在西方社会的募款状况有关的——西方社会除了对藏族、纳西等少数族群有兴趣外，对这个地区的其他族群既缺乏了解，也少有兴趣。我们都尊重和热爱藏族文化，但萧亮中问道：难道其他族群的文化就不保护生物多样性吗？外来力量的介入使得原先和谐共存的多民族地区的不同民族之间产生芥蒂、矛盾和相互分离的趋势。在多元文化的社会中，任何一种平等政治都必须假设所有的文化具有平等的价值，如果只是

---

〔1〕 周恩来：《民族区域自治有利于民族团结和共同进步》，见《周恩来统一战线文选》，北京：档案出版社，1984 年，第 334—346 页。

一味地抬高一种文化,而忽略甚至贬低其他文化,就会造成伤害和分裂——我们不妨问一句,当人们单向地提出民族自治问题时,有多少人真正了解这些混居地区的族群关系和文化状态?

按照周恩来的解释,民族区域自治是一种区别于在民族自决基础上产生的联邦制的制度类型,它所关注的首要问题是民族混居格局与制度安排的关系。因此,自治区的范围和人口构成必须尊重历史传统,又要考虑如何有利于民族合作,从而在制度形式上就必须因地制宜,根据不同的情况和条件做出不同的安排。例如,1950年代,西藏地区实际上存在着三个不同的较大的管制区,即达赖喇嘛和噶厦所辖地区、班禅堪布会议厅管辖地区和昌都人民解放委员会管辖地区;[1]班禅喇嘛曾经建议先按照这一结构形成区域自治,而中央政府考虑到西藏地区民族相对单纯的事实和历史传统,即西藏的人口单纯、宗教统一这一特殊性问题,建议成立统一

---

[1] 昌都地区在1917年藏军第一次东犯前也不属达赖和噶厦管辖地区,1918年藏军占领后,设立了藏政府昌都总管;1950年昌都战役后,成为中国人民解放军的军事解放地区。

的西藏自治区。[1] 中国革命包含着对于被压迫民族的深刻同情，没有这个基础，新生的共和国就会像原先的王朝一样，对少数民族地区实行分而治之的政策，而统一的西藏自治区及散落在其他民族区域的藏族自治州或县的设立过程正好与传统王朝的治边策略形成对比。但是，这并不是说民族人口是自治区设立的唯一标准。中国各民族居住的界限并不分明，处于费孝通所说的"大杂居、小聚居"的状态，以藏族来说，当时除了西藏自治区的一百多万藏族人口之外，尚有一百多万居住在青海、四川、甘肃、云南等地的藏人与其他民族混居杂处。如今藏族人口达五百多万，混居的状况并未改变，由于社会流动性的增强，混杂状态较前更加发展。如何处理这种多民族混杂相处的民情是一个极其复杂的问题，为了解决这一问题，民族区域自治制度不能整齐划一，而必须充分考虑各地条件。1957 年，周恩来在青岛民族工作会议上针对这一问题说："实行民族区域自

---

[1]《1949—1966 中共西藏党史大事记》，中共西藏自治区党史资料征集委员会编，拉萨：西藏人民出版社，1990 年，第 47 页。1954 年 8 月 2 日，在《关于接待达赖、班禅的招待、宣传方针》中，中央政府又明确地说："中央的方针是在西藏地区逐步地实现统一的区域自治，……把达赖、班禅两方面的爱国力量和其他爱国力量团结起来建立统一的西藏自治区。"见同上书，第 50—51 页。

治，不仅可以在这个地方有这个民族的自治区，在另一个地方还可以有这个民族的自治州、自治县、民族乡。例如内蒙古自治区虽然地区很大，那里的蒙古族只占它本民族人口的三分之二左右，即一百四十万人中的一百多万人，另外占三分之一弱的几十万蒙古族人就分在各地，比如在东北、青海、新疆还有蒙古族的自治州或自治县。即将建立的宁夏回族自治区，那里的回族人口只有五十七万，占自治区一百七十二万人口的三分之一，只是全国回族三百五十多万的零头，就全国来说也是少数。还有三百万分散在全国各地，怎么办呢？当然还是在各地方设自治州、自治县和民族乡。藏族也是这样。西藏自治区筹备委员会所管辖的地区，藏族只有一百多万，可是在青海、甘肃、四川、云南的藏族自治州、自治县还有一百多万藏族人口，这些地方和所在省的经济关系更密切，便于合作。"[1]截至 2006 年年末，西藏自治区总人口 281 万，藏族人口占 92% 以上，与 1951年的 117.09 万相比，人口增加了 166.91 万人。西藏自治区之外的藏族人口也同比增长，占据整个藏族人口的

---

〔1〕 引自周恩来在1957年8月4日青岛民族工作座谈会上的《关于我国民族政策的几个问题》的发言，《周恩来选集》下卷，第 256 — 257 页。

二分之一。

民族区域自治的第三个原则是共同发展的原则。民族区域自治制度的设计者认为，多民族"宜合不宜分"，但这一原则不是简单强调"民族同化"，否则就不会考虑特殊地区如藏区的民族统一问题了。在实行民族区域自治的过程中，无论是毛泽东还是周恩来，他们都对大汉族主义给予严厉批判，但也同时指出：无论是对大汉族主义的批评，还是对地方性民族主义的批评，都必须具体地讲，而不是抽象地讲，否则也会扭曲事实，造成民族对立和分裂。民族区域自治的目的是让不同民族共同发展，而不是把少数民族孤立起来，为此扩大自治区域，促进民族合作，就成为让不同民族共享发展成果的方式。周恩来以广西壮族自治区为例说："在成立壮族自治区的问题上，我们也正是用同样的理由说服了汉族的。到底是成立桂西壮族自治区有利，还是成立广西壮族自治区有利？单一的壮族自治区是不可能有的。因为即使把广西壮族聚居的地方，再加上云南、贵州的壮族地区，划在一起，作为一个壮族自治区，它内部还有一百多万汉族人，而且其中的两个瑶族自治县也有四十多万人，汉族、瑶族合起来有一两百万，所以也不可能是纯粹单一的民族自治区。如果这样划分，壮族自治区就很孤立了，不利于发展经济。在交通上，铁路要和广西汉族地区分割；经济上，把东边的农业和西边的工矿业分开。这是很不利于共同发展的，而合起来就很便利了。所以广西壮族自治区也是一个民族合作的自治区。"[1]总之，结合了区域自治和民族自治的构想包含了两个主要前提：第一，不同族群可以共存、交往并保持自己的民族特色；第二，以民族地区而不是民族为单位形成自治，可以帮助少数民族发展经济，以免让少数民族像北美印第安人那样变成孤立于主流社会之外的存在，或者像许多弱小民族那样在进步主义的潮流中接受考茨基所说的"古董家具"的角色。

3. "多元一体"与民族区域及其混杂性

民族区域自治制度是以"中华民族多元一体格局"为前提的。正如民族区域自治制度不同于加盟共和国类型，"中华民族多元一体"的观念也不同于民国时代有关"中华民族是一个"或"中华民族是多个宗族的融合体"的民族主义论述。较之于上述"中华民族"的论述，"多元一体"观念强调的是多样性与混杂性的统一。

---

〔1〕 引自周恩来在1957年8月4日青岛民族工作座谈会上的《关于我国民族政策的几个问题》的发言，《周恩来选集》下卷，第257页。

首先，不同于前一种论述中的"一个"或"融合体"概念所内含的汉族同化其他各少数民族的观点，"多元一体"强调的是混杂和融合的漫长过程，而不是单方面同化，费孝通说："它（中华民族）的主流是由许许多多分散孤立存在的民族单位，经过接触、混杂、联结和融合，同时也有分裂和消亡，形成一个你来我去、我来你去，我中有你、你中有我，而又各具个性的多元统一体。这也许是世界各地民族形成的共同过程。"[1]其次，费孝通的"多元一体说"不仅是指多族群共存的状态，而且也指任何一个被界定为民族的社会都存在多元性。因此，多元一体同时适用于中华民族、汉族和各个少数民族。我在川西北藏族和羌族的村寨访问时，发现他们毗邻而居，相互交往密切，但各自保持着文化特性；在云南和贵州调查时，我到苗寨参加民间节日，其他民族村寨的年轻人也来参与活动，村民的认同并不必然以"族群"为尺度，也可以以地理（如河流和山川的位置）或其他条件为根据。在中国西南地区，许多村庄是杂居式的，有些村民一家人就包含了好几个

〔1〕　费孝通：《中华民族的多元一体格局》，见《中华民族多元一体格局》，费孝通等著，北京：北京民族学院出版社，1989年，第1页。

族群。"乡"自身就是多元性的,也是流动性的,比如在金沙江河谷地带,同一个村的村民中有好些族群,其中的藏族人多半是从别处移民来的或者出嫁到这个地方的。中国西南地区多族群和谐共存的状态是当代世界中文化多样性的典范,其中必定包含了许多文化的、制度的和习俗的条件和智慧,很值得我们总结。若硬性地为每个民族划定居住边界,以单纯的"民族"为单位对之进行分割,那不是悲剧性的吗?

就"多元一体"这一论题而言,多元性是比较易于论证的方面,而一体性的论证较为困难。"中华民族"不但是指在几千年的历史过程中逐渐形成的自在的民族实体,而且也是指在近百年与西方列强的对抗中,转变为一个自觉的民族的政治实体。就前一个意义而言,"多元一体"是指各族人民在日常生活中形成的密切联系、共同经验和历史传统(包括各种习俗和政治传统);就后一个意义而言,"多元一体"指的是基于上述联系而产生的政治共同体。因此,这不是一个以本质性的族性概念为中心的民族概念,而是以作为公民共同体的"人民"为主体的政治实体。正是由于"中华民族"是一个政治实体,而不是已经完成的事实,它就仍然处于一个形成和建构的过程之中,持久地依赖于一代又一代人的探索和实践。一些西方的历史研究和文化研究将精力花在以"多元"解构"一体"上，却很少研究这个"一体"的建构所具有的历史内涵和政治内涵，甚至没有意识到这个"一体"也包含了各少数民族的"一体性"和民族区域的"一体性"，从而也不可能了解所谓"一体"最终只能是"互为一体"——我把它称为"跨体系社会"。

在文化研究中，人们对于"一体性"的概念感到普遍的恐惧，认为"一体"是人为的、国家性的，而多元性或族群性是原生性的（至少相对于国家认同而言是如此）、自然的、更真实的，进而推论族群认同如何被国家认同所压抑。这种看法看似反民族主义，但其实还是建立在民族主义的认同政治之上。1950 年代展开的民族识别过程显示：许多民族的自我认同恰恰是国家建构的产物。以生活在"藏彝走廊"东北部（主要集中在甘肃陇南的文县、四川省的平武县和阿坝藏族羌族自治州的九寨沟县）的白马藏族为例，《史记·西南夷列传》以"白马氐"相称，此后史书分别称之为"氐"、"夷"、"白马夷"、"白马氐"、"龙州蛮"、"氐羌"等。1950 年在成立"平武县民族自治委员会"时，人们发现"白马番"与"白草番"、"木瓜番"之间的差别，而"白马番"又弄不清楚自己是什么民族。后经协商，将史书所载的上述"龙安三番"暂定为藏族，并于1951年7月成立了"平武县藏族自治委员会"，后改名为"平武县藏族自治区"。但实际上，在民族识别之前，"白马氏"并不自认藏人，1954年达赖路过当地时，西南民族学院的藏族学生前去朝见，而白马人因无朝拜活佛并向其献哈达的习俗拒绝前往，险些酿成冲突。1978年，费孝通在《关于我国的民族识别问题》中提出"白马藏族"不是藏族的可能性问题，[1]民族研究内部也产生了有关白马藏族是否是藏族的许多研究成果，后来出于政治稳定的考虑，仍然维持白马人为藏族的说法。[2]这个例子不但说明了族性的自我界定并不比更大的社会共同体更为真实，而且也说明有关族性的识别理论本身先天地带有许多问题。这是从近代民族主义实践和知识中产生的问题。因此，只有超越民族主义知识的限制，才能发掘古典的和现代的智慧，为一种以多样性为前提的平等政治提供理论资源和实践的可能性。

---

〔1〕 费孝通：《关于我国的民族识别问题》，《中国社会科学》1980年第1期。
〔2〕 曾维益：《白马藏族及其研究综述》，载石硕主编：《藏彝走廊：历史与文化》，成都：四川人民出版社，2005年，第208—232页。

民族区域自治概念中的"区域"概念尤其值得注意，因为区域的概念超越了种族、族群以及宗教等范畴，同时又将这些范畴融合在自然、人文和传统的混杂空间里。费孝通曾将中华民族聚居地区归纳为六大板块和三大走廊的格局，六大板块即北部草原区、东北部高山森林区、西南部青藏高原区、云贵高原区、沿海区和中原区，三大走廊是藏彝走廊、南岭走廊和西北走廊，其中藏彝走廊包括从甘肃到喜马拉雅山南坡的珞瑜地区，这一走廊是汉藏、藏彝接触的边界，也聚居着许多其他族群。[1] 较之单纯的族裔民族主义的观点，这种以区域为中心形成的独特的中国观包含对中国各族人民多元并存的格局的理解。如果将民族区域自治与晚清以降逐渐展开的关于地方自治的讨论做个比较，也可以找到一些相似点和不同点。以康有为的《公民自治篇》为

---

[1] "六大板块和三大走廊"的说法是李绍明根据费孝通的《民族社会学调查的尝试》、《谈深入开展民族调查问题》两篇文章中的有关论述总结而成，二文分别出自费孝通：《民族研究文集》，北京：民族出版社，1988年，第268—285、295—305页。见李绍明：《藏彝走廊研究中的几个问题》，《中华文化论坛》2005年第4期，第5—8页。关于藏彝走廊的论述，参见李绍明《费孝通论藏彝走廊》一文，见《西南民族学院学报》（2006年1月）第27卷第1期，第1—6页。

例，[1]作者在广泛讨论中西各国的自治经验基础上，以乡为单位构想了一整套自治制度。从较低、较小的基层实行自治，能够充分发挥公民的积极性，又避免了由于自治体过大而产生的集权趋势，实际上也更能够保障国家的统一和稳定。康有为在文章中没有讨论民族问题，但他对于地方自治的思考与他对当时革命派的反满民族主义的批判是一致的，也是与他对北魏以降中国族群混杂的历史看法是一致的。考虑到中国西南和西北地区许多村、镇民族混居的情况，以乡为单位的自治可以照顾到基层社会多族群聚居的形态。在中国的西南或西北，基层自治很可能就已经是"民族区域自治"了。伴随着通讯技术和其他网络的发展，为促进不同区域、城市之间的网络式联系，中国的行政区划很有可能、也有必要向小型化方向发展。在这一条件下，取消、缩小或弱化省一级政府机构，更多地设立直辖市－县的体系，而在县以下，则赋予更多的自治权，势必成为一个自然的选择。

在有关西藏问题的争议中，西藏自治区与达赖喇嘛

---

[1] 康有为：《公民自治篇》,《康南海官制议》卷八，上海广智书局，1905 年。

的"大藏区"概念的区别是一个经常被提及的话题。"大藏区"不但包括西藏自治区，而且也包括青海全省、半个四川、半个甘肃、四分之一云南、新疆南部，其中包括许多非藏族聚居区，总面积约占中国全部国土四分之一。在"大藏区"问题上，需要明确两点。首先，"大藏区"概念是一个全新的概念，与西藏传统中的"阿里三围"、"卫藏四茹"和"朵康思六岗"等地理划分并不一致。根据沈卫荣的研究，"阿里三围"之一的"麻域"包括了今天属于印度（和巴基斯坦）的拉达克和巴尔提斯坦地区，亦即唐时的所谓"大小勃律"地区。元代藏人将西藏分为"吐蕃三路"（chol kha gsum），与元朝所封的"三道宣慰司"完全一致，即将"阿里三围"和"卫藏四茹"合并成为一个与今天西藏自治区所辖范围相当的地理单位（"乌思藏宣慰司"），另将安多和康区分为两个独立的宣慰司。如果将"大藏区"概念放在这一历史脉络中，我们很自然会问两个问题，第一，安多和康区从行政上脱离西藏已有七百余年的历史，这个区域的人口构成早已发生巨变，重新将之纳入所谓"大藏区"的理由何在？第二，拉达克、不丹、锡金等在现代殖民主义影响下脱离西藏的地区为什么并不在"大藏区"范畴之内？这一内外有别的概念是对近代英国殖民主义及其后果的承认吗?[1]

其次，如同石硕所指出的：要理解这一区域的形成，首先需要抛弃那种从一开始就把西藏文明视为中原文明的一个附属部分的观点，其次需要理解西藏文明在漫长历史中逐渐向东扩展，以致深深地与中原文明相互渗透的历史原因。从时间上说，西藏在元代才被纳入中原王朝的统治系统，但"在13世纪以前，西藏文明无论在地域空间上或是文化背景上都已强烈地表现了一种东向发展的趋势。这种趋势，从地域空间上来说，表现在7世纪以来西藏文明在地域上的东向发展，这主要是通过吐蕃王朝强大的武力扩张而得以实现的。"[2] 吐蕃的扩张是全方位的，但它在向北和向西的扩张中遭到巨大困难，逐渐形成了东向扩张的态势。在7世纪初叶，在唐朝与新兴的吐蕃王朝之间的这个"非常辽阔而又相对薄弱的中间地带"，也即今天大藏区涉及的范围。在这个区域内从北向南依次分布的民族和部落包括土谷浑、党项、白兰羌、东女国，它们先后被吐蕃征服，但各部落

---

[1] 沈卫荣教授 2010 年 1 月 6 日就拙文做了详细的评议，其中特别讨论西藏历史上的地理划分及其与所谓"大藏区"概念的区别。这里的叙述就是根据他的建议和意见补写的。特此致谢!

[2] 石硕：《西藏文明东向发展史》，第 11 页。

仍使用自己的语言，而河陇一带则是汉人聚居区。综合各方面的因素，"藏民族形成的时间既不是松赞干布统一西藏高原诸部之时，也不是吐蕃王朝时期，而应该是在吐蕃王朝灭亡以后到 13 世纪以前这一历史时期。"[1]换言之，藏族的形成本身也是"多元一体"的。13 世纪蒙古势力扩张，元朝对西藏的百余年统治，使得西藏与中原地区的关系发展到了一个新的阶段，即便在元朝灭亡后，承元而起的明朝也能迅速确立对西藏的统治关系。这一统治关系的确立并不是明朝单方面强制的结果，也包括了西藏方面主动和迅速地投入这一统治关系。清朝更是在蒙古各部归顺和臣服的基础上获得了对西藏的统治权，而在 1696 年击败噶尔丹反叛之后，蒙古势力对西藏的直接统治逐渐向清朝转移，1720 年清朝出兵西藏驱逐准噶尔部则是这一直接统治关系的确立。西藏东扩的努力甚至在西方（尤其是英国）殖民主义介入中国问题的过程中也并未停止，1913 年 10 月 10 日，西藏方面在英国人主导的西姆拉会议上提出的边界主张划入了西藏东部大片汉人聚居的富饶土地，而与此相应，中方的方案在重申中国主权的同时，将西藏边界

---

〔1〕　石硕：《西藏文明东向发展史》，第 72、102 页。

线划在距离拉萨一百多公里的江达地区。1918年，在康区冲突之后的《停战协定》中，藏方甚至将边界扩展至金沙江流域。在今天的西藏自治区，除藏族居民外，也还有汉族、回族、门巴族、珞巴族、纳西族、怒族、独龙族以及僜人、夏尔巴人居民世代居住。从历史发展的角度看，先后融入藏族的成分也包括汉族、蒙古族、满族、羌族、纳西族等，而一部分藏族人口在历史长河中又分别融入汉、蒙古、回、羌、纳西等民族之中。那种认为西藏只是在中原力量的强制下才纳入中国范畴的观点是想当然的结果。这一历史区域是西藏文明东向发展和中原文明向西扩展的多重过程的产物，不要说达赖喇嘛在历史上从未统治过这样规模的西藏，即使在民主改革之前的西藏地区，他和噶厦政府的管辖范围也未及全藏，班禅拉章管辖的后藏和藏北部分地区（以及萨迦法王统治的一小块地区）就从来不在他的管辖之下。将藏人居住的地区全部纳入民族自治范畴，完全没有顾及这一区域是在漫长历史中形成的民族混居区域，一旦以族群划分政区，势必形成对这一区域内其他族群的压抑、排挤和驱离。从这一角度看，周恩来提出既扩大自治区域，以使得区域内的不同族群合作交往、共同发展，又考虑到自治结构的多重性，是一个包含了历史洞见的构想。

四 "后革命"、发展与去政治化

1. 如何解读民族政策的危机?

在民族冲突频繁的世界里，中国少数民族地区的多族群共存状态最值得我们珍视。民族区域自治制度是对中国历史传统和现代革命经验的总结，它为中国民族地区的多族群共存提供了制度框架。但是，正如一切制度一样，如果没有各族人民的积极参与，没有各族人民和每一个公民当家做主的认同感，制度本身就会僵化、保守，成为纯粹由上至下的社会控制和管理系统；如果不尊重少数民族的文化和习俗，完全按照主流社会的想法由上至下、由外到内地抬高或贬低某一族群的位置，很可能粗暴地改变当地的族群关系，造成矛盾和冲突。"3·14"事件爆发后，民族区域自治本身受到来自不同方向的质疑，其中马戎教授的研究最为集中和深入。根据他的分析，中国民族政策的主要危机表现在：第一，在当代中国的市场扩张中，收入差距大幅度上升，其中集中表现为区域差异、职业差异、教育水平差异和族群差异，但由于民族区域自治制度将族群置于中心，从而将复杂的、主要不是由于族群问题而造成的不平等凝聚在民族矛盾上，成为当前民族矛盾的催化剂。第二，中华人民共和国建国以来，为全面实现民族平等，各级政府对少数民族实施系统的优惠政策，其中主要包括：一、生育优惠政策，即对少数民族不实行计划生育或放宽计划生育的尺度；二、少数民族学生在高考录取中普遍享受优惠待遇；三、政府在贷款、救济金发放、项目投入及其他经济领域对自治地区的少数族群成员实施不同程度的优惠政策。这些优惠政策的实施也是对非优惠群体的歧视，并导致了优惠群体与非优惠群体、尤其是大族群与少数族群之间的矛盾和歧视关系。[1]一个总的意见是：应该将问题集中于缩小区域差别和阶级或阶层差别，而不是通过制度安排，将族群差异稳固化，进而造成族群或民族间的矛盾和冲突。

任何一项政策和制度安排都是一定历史条件发生变化的产物，政策和制度的调整是不可避免的。马戎对于中国民族政策的上述批评是以大量事实为依据的，我也完全同意他对民族识别过程中的大量人为的族群划分的批评，但是否应该就此否定民族区域自治制度，以行省

---

〔1〕 马戎：《经济发展中的贫富差距问题——区域差异、职业差异和族群差异》，《北京大学学报》(哲社版) 2009 年第 1 期，第 116—117 页。

制加以替代，以促进全国各地区制度上和公民身份（这里指的是公民身份中仍然内含的民族差异）上的彻底同一呢？原则上说，公民一律平等是一个基本出发点，但在世界范围内，这一形式主义的平等与实质的平等之间经常出现差异。在规范的层面强调公民一律平等，与在社会实践的层面承认差异以促进平等的实现，也即在形式平等与实质平等之间构成平衡，是民族区域自治构想的出发点。此外，全球化、市场化和现代化正在世界范围内产生文化同质化的现象，通过何种方式既促进平等又保存文化差异，也是我们考虑问题的必要的出发点之一。如果将民族区域自治视为西藏危机的根源，很可能放过了更深刻的症结。我认为应该在政策问题与民族区域自治的构想之间做出区分，以便我们可以在取消民族区域自治还是改进、完善和发展民族区域自治问题上做出抉择。按照周恩来对于民族区域自治的权威解释，民族区域自治并不等同于民族自治，其着眼点同样在区域，只是考虑到其中一些区域更多地栖居着汉族以外的其他民族，文化、习俗和生产生活方式有别于其他地区，因而将之界定为民族区域。与汉族中心区域相比，这些地区普遍地存在着经济、教育等方面的落后状态。从原理上说，民族区域自治的构想正是为了促进民族合作、共处、融合，创造一个普遍平等的新社会，它恰好反对那种将族群概念本质化和中心化的自治观。在这个意义上，探讨中国社会"多元一体"现象，回顾社会主义时期的民族政策，不是要讨论一种普遍适用、僵化不变的制度形态，而是要说明在什么条件下这一制度提供了多族群和谐共存状态的条件，又在什么样的条件下产生矛盾和危机。如果民族区域自治制度出现了危机，那么，为什么恰恰是当代条件下产生了危机，而不是在更早的社会主义时期？

民族区域自治制度面临的危机是社会变迁的产物。西藏地处雪域高原，是相对单一的藏族聚居区，但并不是孤立隔绝的世界，它的命运与整个中国的变迁息息相关。西藏95%的财力依靠中央和其他省市的支援，这个支援既包含了直接财政资助，也包括帮助西藏发展自身的经济。据统计，1985—2005年，中央财政补贴累计达1081.03亿元，占这一时期西藏地方财政总收入的92.66%；[1] 即便在文革时期（1966—1976），中央对西藏的财政补贴年均增长也在9.09%，比1960—1965年总平

---

〔1〕 靳薇：《西藏：援助与发展》，拉萨：西藏人民出版社，2010年，第52页。

均增长速度高 8.08%。[1]改革时期，西藏对医疗、教育、科技、兽医服务等实行免费供给，其他生产资料和生活必需品也给予高额补贴，2000 年以降，西藏地区的 GDP 平均增长 12%。西藏人民在住房、收入等方面的提高是得到公认的，《远东经济评论》（*Far Eastern Economic Review*）在拉萨"3·14"事件之后发表的评论中也承认西藏城乡人民的收入成倍增长。[2]事实上，在面对西方媒体的指控时，中国政府和媒体也是以西藏的经济发展为由进行辩护。但问题是：为什么从 1980 年代末至 2008 年，西藏的危机却日益地深刻了？

中国官方的指控是外来势力和流亡力量的组织、策划和内外呼应，这一点并非无据，近代西藏的历史也可以提供佐证。沙伯力（Barry Sautman）在《西藏与文化种族屠杀的误释》（"Tibet and The [Mis] Representation of Cultural Genocide"）中对此早有许多描述。2001 年，当国际奥委会在莫斯科宣布北京获得 2008 年奥运会主办权之后，达赖喇嘛在俄国的特使阿旺

---

〔1〕 靳薇：《西藏：援助与发展》，拉萨：西藏人民出版社，2010 年，第 47 页。

〔2〕 Ben Hillman, "Money Can't Buy Tibetans' Love", *Far Eastern Economic Review*, April 2008.

格勒（Ngawang Gelek）对记者说："中国一直在对西藏进行种族的和文化的屠杀"，奥委会不应授予北京以举办权。他还补充说："俄罗斯联邦内的车臣享有比中国的西藏多百倍的自由。"早在1980年代晚期和1990年代初期，藏青会的负责人就说："在西藏的中国人没有一个是清白的，战争将针对着每一个那里的平民。"2003年藏青会的领导人也提到要训练游击战士，并说："我要问达赖喇嘛：'如果每天杀一百个中国人能够换取西藏独立，你做不做？'如果他说不做，那他不能担任西藏人民的领袖。"在1995—2000年间，藏青会在拉萨策划了九次爆炸。[1]最近一家德国媒体也披露了西藏流亡团体与一些西方国家政界人士策划反对中国奥运会的消息。

但是热衷于"西藏独立"的只是少部分内外精英，如果认为拉萨"3·14"事件只是政治阴谋而没有深刻的社会基础，也会导致错误的判断。从1980年代后期至今，中国经济取得了惊人的成就，脱贫人口在第三世界国家的发展中是罕见的，但社会危机并没有因为经济

〔1〕 See *Cultural Genocide and Asian State Peripheries*, ed. Barry Sautman, Gordonsville, VA, USA, Palgrave Macmillan, 2006, pp.165–188.

发展而消失，恰恰相反，在发展主义的主导下，贫富分化、区域分化、城乡分化以及生态危机已经达到了相当规模，而大规模的社会流动也成为社会动荡的重要条件。在过去这些年中，各种"群体性事件"频仍，有些规模并不小，区别在于这类事件大多为自发的、自我保护性的社会运动，而西藏骚乱却是暴力化的。因此，除了暴力化的特征和存在着外部分裂势力之外，西藏问题不能以完全的特殊论或例外论给予说明，而必须置于整个中国的社会变迁之中加以分析。以我肤浅的观察，下述三大相互联系、相互纠缠的变迁对于理解当前西藏问题十分关键：一、社会主义时期的阶级政治彻底消退，社会关系根本重组，早期民族区域自治的实施条件发生了重大转变；二、市场关系全面渗透，人口构成发生变化，经济收入和教育方面的差距拉大；三、民族文化面临危机，宗教复兴，寺庙和僧侣规模急剧扩张。所有这些问题均发生在中国的高速经济增长和严重社会分化的大背景下。我把它们概括为"去政治化"、"市场扩张"与文化危机及"宗教扩张"的同步过程。

2. 民众的观点、民族的观点与两种身份政治

首先，与上文提及的哈里代所谓的"后殖民羁押综合症"不同，我认为西藏危机产生于"后革命"语境中

的"去政治化"过程。如前所说，中华民族是以人民为主体的政治共同体，它的制度建设、社会政策和民族政策都必须考虑这一政治共同体的基本原则，即人民主体原则。任何与这一原则相违背的制度安排、社会政策和民族政策都可以视为"去政治化的政治"。因此，"去政治化"概念中的"政治化"与以族群关系为中心挑动敌我对立的"政治化"概念是完全不同的。[1]在有关西藏问题的争议中，大部分讨论集中于西藏的历史定位问题，例如13世纪元朝首次将西藏纳入政治版图，17世纪清朝对于西藏的合法统治，19—20世纪西藏在国际承认关系中从属于中国主权的历史地位，民国政府与达赖的关系，[2]1951年5月20日《中央人民政府和西藏

---

〔1〕 马戎在《理解民族关系的新思路——少数族群问题的"去政治化"》(《北京大学学报》〔哲社版〕2004年第6期)一文中也使用了"去政治化"这一用语，但和我在这里的使用完全不同。他指的是近代西方民族主义运动将族群作为政治单位并谋求政治目标的现象。他要求综合传统的文化，以公民为单位形成普遍的公民政治。就此而言，他对"政治化"的批评与我对"去政治化"的批评有重叠之处。不同之处在于：我所谓"去政治化"即对人民政治过程的否定或偏离，而后者恰好是中华民族得以超越民族分裂和矛盾而形成一个统一政治实体的前提。

〔2〕 Lin Hsiao-ting, "War or Stratagem? Reassessing China's Military Advance toward Tibet, 1942 –1943", *The China Quarterly*, 2006, pp.446 –462.

地方政府关于和平解放西藏办法的协议》（简称《十七条协议》）的签订，以及究竟是谁撕毁了《十七条协议》，等等。但是，西藏的地位问题既不仅仅依存于国际承认关系，也不仅仅取决于中央政府与达赖喇嘛及噶厦政府间的协议。从1949年10月中华人民共和国成立，到1971年10月25日中国恢复在联合国的席位，中国自身尚未获得美国操纵下的联合国的承认，但中国因此就没有主权地位了吗？1959年西藏平叛引起西方舆论一片喧嚣，但有哪个西方国家承认西藏为独立国家了？这一事实证明：新中国的政治主体性建立在它自身的历史地基之上，这就是中国人民作为一个政治主体的崛起，没有这个前提一切都谈不上。在我看来，忽略这一政治过程来讨论西藏问题本身就是"去政治化的政治"的话语形式。[1]

19世纪以降，殖民主义和资本主义创造了一种全球性的局势，革命和变革既不是绝对本土的，也不是绝对外来的，而是在内外互动中形成的。在这种互动中，新的政治主体被创造出来。在讨论中华民族概念时，如

---

[1] 关于"去政治化的政治"，请参见拙著《去政治化的政治：短二十世纪的终结与九十年代》，北京：三联书店，2008年。

果不能从近代中国革命观点去理解民族认同，也就没有可能完整地把握后革命时代的中国民族问题。霍布斯鲍姆（Eric J.Hobsbawm）在讨论法国革命和美国革命与这一时代的民族观念时也曾指出："如果说民众革命的观点对'民族'有任何共识的话，那就是民族是无关乎语言、族群或其他类似要素，尽管这些因素可以增加集体认同感。就像维拉（Pierre Vilar）所言，在民众眼中，民族－人民最重要的特质在于：它是公益公利的代表，可以对抗私利与特权。"[1] 因此，族群差异、共同的语言、宗教、领土以及共同的历史记忆虽然是近代革命不断诉诸的要素，但并不是中华民族形成的唯一的决定要素。没有对抗西方列强和创造新的政治的过程，中华民族作为一个自觉的历史主体就难以诞生；没有各族人民共同参与建设新中国的实践，中华民族就不可能成为一个自觉的政治实体。就西藏而言，从 1951 年西藏和平解放到 1959 年平叛及藏区民主改革的逐步展开，这一历史进程并不只是中央政府与西藏上层统治者之间的谈判过程，而是一个社会解放的过程。如果没有近代

---

〔1〕 埃里克·霍布斯鲍姆：《民族与民族主义》，李金梅译，上海：上海人民出版社，2000 年，第 22 页。

殖民主义和中国革命的发生，这一进程不可能发生；如果没有西藏人民抵抗外来入侵和内部压迫的斗争，这一进程同样不可能发生。从1772年东印度公司利用不丹、库赤、白哈土邦的纷争遣使入藏，到1886—1888年隆土山战役及1890年《中英会议藏印条约》的签订，从1894年围绕勘界问题发生的冲突到1904年英军入侵拉萨，西藏僧俗人民与帝国主义势力之间进行了长期的斗争。太平天国运动后期，川西北地区的藏族、羌族人民也发生过反抗清朝的起义斗争，这些起义与其他地区的各种社会斗争相互呼应。青海、云、贵、川是长征经过的区域，[1]革命政治自身也受到与少数民族接触的影响。抗日民族统一战线的主张显然已经不同于长征前的单纯的民族自决主张。在长征之前，中国革命队伍中很少少数民族成员，但长征后少数民族成员有所增加，延安时期中央党校设立了少数民族干部训练班，他们后来成为派往民族地区的、具有双重身份（当地人与革命者）的骨干力量。中华人民共和国建立后，许多少数民族领导人对于中国少数民族地区的稳定、团结和发展贡献很大。事实

---

[1] 罗开云等：《中国少数民族革命史》，北京：中国社会科学出版社，2003年，第78—79页。

上，早在新中国成立之前，在藏族地区，既曾出现过由邦达饶嘎（Rab dgav）领导的、信奉孙中山主义并与国民党接近的"西藏革命党"，也曾活跃过"藏族共产主义运动"各组织、"藏族统一解放同盟"、"东藏人民自治同盟"和"中共康藏边地工委会"等革命组织，其中的活跃分子后来成为西藏各级领导干部。

但是，与中国其他地区相比，西藏在1950年代的变迁有其特殊性。这个特殊性包括两个方面：第一，西藏社会有着较为发达的上层政治－宗教结构，任何大规模的社会变迁都无法绕过对于这一上层政治－宗教结构的变革；第二，西藏社会在19和20世纪曾经有过寻求现代化的努力，但这些努力很快在西方帝国主义的入侵和统治集团内部的保守势力的压制下烟消云散，从而丧失了西藏社会内部展开现代性变革的机会。因此，1950年代的社会变迁主要地不是西藏社会内部社会改革或阶级解放运动的产物，而是在中国革命胜利的背景下，由中央政府与达赖和噶厦政府谈判以达成和平解放的结果。1956年，中央政府承诺暂时（"六年不改"）不在西藏地区实行民主改革，保存旧的制度，但这一承诺并不意味着放弃西藏的民主改革。这一态势对于中央政府和西藏上层集团都是清楚的。1959年西藏叛乱的背景与

1950 年代在东部藏区的土地改革及其对西藏地区的影响有着密切关系，即一方面西藏上层统治阶级感到恐慌，另一方面藏区的解放和变革正在涌动。1959 年"平叛"是一个重大政治危机，即中央政府与西藏上层精英之间的合作宣告彻底破裂。正是以这一危机为契机，中国政府以土地关系的改变和阶级政治为中心，彻底根除了农奴制度，使得西藏的社会关系发生了巨大的转变。由于藏区土地制度不但与贵族等级制相关联，而且也和寺庙有着千丝万缕的联系，而农奴又"是庄园制度与政教合一制度赖以生存和发展的基础"，因此，在"政教合一"的社会体制中，土地改革的实行和农奴的解放不可能不波及宗教领域。戈尔斯坦指出："西藏存在着两种类型的经济生产资料，即由世俗贵族、寺院和活佛占有的庄园份地和直接由噶厦政府控制的土地。西藏的绝大多数土地和民众都被纳入庄园制度中：据中国方面的最新统计表明，旧西藏的三大领主所经营的庄园拥有全部可耕地的 62%，其中宗教集团的庄园占有可耕地总数的 37%，贵族的庄园占有可耕地的 25%。"[1] 戈伦夫（Tom Grunfeld）的研究也证明：民主改革前，格鲁派最大的

---

[1] 梅·戈尔斯坦：《喇嘛王国的覆灭》，第 2、4 页。

寺院哲蚌寺拥有 185 座庄园，2 万名农奴，300 个牧场，16000 名牧民。[1]这一土地和劳动的占有关系一直渗透到最基层的村庄。[2]因此，在"政教合一"的社会体制中，土地改革的实行不可能不波及宗教领域；又由于相较于其他地区，西藏地区的土地改革具有更多的自上而下（从其上层贵族的角度看，也是由外而内）的性质。班禅喇嘛在其晚年的上中央书中对此有许多描

〔1〕 谭·戈伦夫：《西藏：神话与现实》，《新中国》1975 年第 1 卷第 3 期；梅·戈尔斯坦：《喇嘛王国的覆灭》，第 31 页。
〔2〕 据郭净编《飘流客》第 57 期（2008 年 4 月）所载《雪山之书》（第 14 章序）的叙述，20 世纪 50 年代以前，德钦藏族社会的基层结构是"政教合一"体制，"其中分为两套系统，分别以土司和寺院为首，都通过伙头和正户实现对所属自然村的管理。每个村庄的农民，需经过伙头、老民同意，并征得土司和寺院的许可，立了门户，才有权分得土地，成为'正户'。一般来说，正户都是从古代沿袭下来的老住户。其他没有门户的，是破产的农民、长工、奴隶等。""土司管伙头，伙头管正户，正户又管村中佃户、奴隶。据 1950 年代调查，全县户口中正户 660 户，并有 2378 户佃农和奴隶。正户中有 23 个村要承担两个喇嘛寺的负担，称为'取日'（即喇嘛寺的百姓），对喇嘛寺交定租，服劳役。'取日'可买卖土地，但只限于正户之间，买卖土地时，只要到喇嘛寺拨租即可，卖主需送地价三分之一给喇嘛寺。喇嘛寺在契约上盖印。土地上的小纠纷，则由喇嘛寺在收租时调解，如系较大的纠纷，则由喇嘛寺与土司头人共同调解。喇嘛寺在'取日'上除有收租、劳役的特权外，政治上的管辖属千总。其余村子的正户称为'车瓦'，他们不承受寺院的负担，只承受土司交纳粮食和差役的负担。"http：//www.strongwind.com.hk/catalog/80045a6b － 3c6c － 4df0－ 9a2d － 6aead5705225.aspx。

述，无论是否准确，土改过程中存在过度粗暴的现象，是显然的。1980年代，中央政府在清理"文革"问题时，对西藏地区发生的悲剧性错误进行了甄别、检讨和纠正，也证明西藏的民主改革存在大量问题。

但是，对历史的清理和反思不应否定如下重大事实，即普通藏民通过土地改革而获得了新的政治和经济地位，成为完全不同于"政教合一"和农奴制时期的佃户、长工和奴隶的社会成员；如果没有这一前提，就无法解释为什么从1950年代至1980年代，西藏虽然存在着各种各样的危机、矛盾甚至破坏（如"民主改革"时期的过激政策和"文革"时期对宗教和文物的破坏及派性斗争），但这些危机、矛盾、冲突和破坏与今天意义上的"西藏问题"及认同危机具有完全不同的意义。1951年后中央政府在政治与经济等方面对西藏实行特殊政策，对于民族和宗教两件大事也采取了慎重稳进的方针。人民解放军在进驻西藏的过程中，执行了毛泽东一面进军、不吃地方的指示，没有给西藏地方添加额外财政负担；中央政府通过拨款和派送技术人员，修筑交通干线，对西藏展开大规模援助，其中1952—1958年中央对西藏的财政补贴为3.57亿元，1959—1965年的财政补助为5.9亿元。1959年后，中央在安多和卫藏区域实行土地改革，随着寺院经济和部落－土司等制度的废除和改革，农奴制下的人身依附关系得到了彻底的解放。土地改革改变了普通农牧民的社会地位，改善了他们的经济条件，为西藏的社会和经济发展奠定了基础。在民主改革之后，中央政府对于西藏持续的经济支持提升了西藏的经济发展水平，而在新的社会制度下，普通藏民获得了新的认同感。藏族民众至今保留着的对毛泽东的崇拜不是单纯的宗教现象，而是1950—1960年代中国社会重新创造自身的社会主体性的产物。正是这一新的社会主体性的产生将西藏统治者竭力渲染的汉藏关系问题转变为社会解放问题。换句话说，民族区域自治制度在社会主义条件下是有效确立合法性和认同感的制度建设。

西藏"民改"确立了两个原则，即平等政治的原则和政教分离的原则，这不但使得与宗教社会密切相关的农奴制度彻底解体，而且也为西藏的政治和经济提供了新的主体——即通过阶级解放、民族平等而产生的人民主体。"翻身农奴"这一称谓其实正是新政治的合法性基础。历史地看，人民主体的创造是与那个时代的阶级政治密切相关的，对"阶级政治"所产生的各种矛盾与悲剧性后果的检讨不应掩盖一个重要的努力，即通过土地改革，整个西藏社会关系发生了大转变，"百万农奴"的身份转变提供了革命政治的正当性。当代"西藏问题"是在中国实行市场化改革并日渐融入全球经济的背景下发生的，而上述两个原则发生变异和转化也正是这一过程的产物。从平等政治的角度看，"民主改革"铲除以农奴制为主要内容的等级制，进而改造了阶级关系，而市场化改革则重构了经济关系，并以产权关系为中心将社会分化合理化。在90年代的中国，1950—1960年代产生的政治基础逐渐转型，这一点在民族地区也不例外：伴随着新的社会分化，早期革命政治的正当性陷入了危机。如果社会主义国家改变西藏宗教社会的政教合一体制的过程是一个激进的世俗化过程的话，那么，市场化改革则是一个更为激进的世俗化过程。这两个进程的主要区别在于：前者在推进政教分离的过程中，不仅改造了西藏社会的政治、经济结构和阶级关系，而且也创造了一个对于西藏人而言准宗教的价值体系（政治与信仰之间的新的合一形态），[1]而后者恰恰

---

[1] 2004年，我和几位藏族的朋友一道访问几所喇嘛庙，几乎每到一处，住持的房间里都放着毛泽东像，两边是达赖和班禅。一位从北京高校来的藏族朋友说，我们藏人就是迷信，毛主席现在是菩萨。达赖喇嘛在他的自传中也曾说，较之资本主义，社会主义更适合于西藏。

相反，它以经济和市场的力量创造了一个更加世俗化的社会，伴随社会主义时期的价值体系的衰落和宗教政策的调整，这一世俗化过程恰好为宗教扩张提供了基础。由于市场化过程扩大了国家与公民之间的距离，为宗教对各社会领域的渗透提供了可能性，西藏社会较之前三十年显然更接近于一个宗教社会——一个建立在市场和全球化条件下的宗教社会。在当代条件下，宗教体系不但为全球化、市场化和世俗化的力量所渗透，而且其功能也发生了重要转变：藏传佛教日益成为西藏社会维系自身认同的主要根据。显然，上述两个过程是和社会主义时期的那种创造普遍身份的政治的退化和失败相伴随的，其结果是：以社会分化为中轴，创造普遍身份的政治让位于认同（民族的和宗教的）政治。

正如许多学者观察到的，所谓"民族矛盾"，主要产生于区域差别和贫富分化，以及劳动者在市场竞争中的不平等地位，而不是民族区域自治的概念产生了族群对立。但他们没有涉及的是：这些深刻的社会分化使得平等原则和政教分离原则处于危机之中，而这正好意味着支撑民族区域自治的合理性基础动摇了。大量的统计数据证明：在改革时期，为了促进藏区的经济发展，让广大藏族民众脱贫、脱困，中央政府不但在藏区推广了内地土地承包制和畜牧自主经营，而且大规模投入基础建设，并对藏区的社会福利体制（免费教育、公共事业、扶贫资金等）给予大规模资助。在藏语教育、宗教生活等方面，中央政府也调整了过去的政策，给予更宽松和开放的政策。截至 2007 年，西藏全区共有普通高校 6 所，年内招生人数 8046 人，在校生 26767 人，毕业人数 5859 人；中等职业教育学校 7 所，年内招生人数 6654 人，在校生 18959 人，毕业生 10288 人；普通高中 117 所，高中年内招生 16307 人，在校生 44215 人，毕业生12322 人；初中年内招生 50707 人，在校生 135995人，毕业生 39463 人；普通小学 884 所，年内招生 51890 人，在校生 320589 人，毕业生 52238 人；特殊教育学校招生 78 人，在校生 268 人。年末幼儿园在园儿童 11110 人，比上年增加 1961 人。全区小学入学率达98.2%，比上年提高 1.7 个百分点。[1]但与五六十年代的改革为大多数藏民带来了好处不同，90 年代以后的发

---

[1] 西藏自治区统计局、国家统计局西藏调查总队：《2007 年西藏自治区国民经济和社会发展统计公报》，2008 年；郑戈：《文化、发展与民族区域自治——中国宪法语境中的西藏问题》，《洪范评论》第 12 辑（宪政与发展），吴敬琏、江平主编，梁治平执行主编，北京：三联书店，2010 年，第 130 页。

展在促进经济成长的同时，却加速了藏区城乡之间、中心地区与边缘地区之间、不同民众阶层之间以及西藏与内地之间的差距。就教育方面而言，如果从识字率、小学文化人口比率、中学文化人口比率和大学文化人口比率等方面看，西藏与其他临近省份及全国平均数据相比还是相当落后的。以2002年为例，西藏15岁（含15岁）以上人口中的文明率为43.8，青海为24.8，甘肃为21.1，四川为13.6，而全国平均为11.6；同年，6岁以上没有上过学的人口比率是：西藏38.0、青海22.2、甘肃18.1、四川12.2，全国平均10.2；上过小学的人口比率是：西藏62.0、青海77.8、甘肃81.9、四川87.8，全国平均89.8；上过中学的人口比率是：西藏15.4、青海39.8、甘肃43.5、四川48.2，全国平均54.8；上过大学的人口比率是：西藏0.8、青海3.2、甘肃3.1、四川3.7，全国平均4.7。[1]在这一教育背景下，藏族青年难以在市场竞争条件下与中原地区的同代人竞争；由于外来人口在当地商业和企业中占据越来越重要的地位，

---

〔1〕 Andrew Martin Fischer, *State Growth and Social Exclusion in Tibet: Challenges of Recent Economic Growth*, Copenhagen: NIAS Press, 2005, pp.137－140；郑戈：《文化、发展与民族区域自治——中国宪法语境中的西藏问题》第12辑，第130－131页。

在劳动力竞争中，外地人口往往更占优势。调查还显示：经历过50、60和70年代的农牧民对国家的认同感较强，而80年代末至90年代却发生了转折，在这个时期出生和成长的人对于藏区内外的差距反应强烈。如果我们后退一步观察国家对藏区的支持与藏族社会的感受之间的差距，可以清晰地看到一个裂痕，即国家向藏区提供大量拨款和资助，以提升藏区经济，但由于区域差别和藏人自主参与程度相对较低，在有些藏人看来，这些是内地发达地区亦即汉族发达地区向藏区的单方面投入，经济的一体化没有产生整个社会的一体感，反而产生了中国社会的疏离感。在西藏和中国许多地区，对于官员及官僚系统的不信任不仅与腐败现象的蔓延有关，也植根于一种社会转变过程中的合法性危机。参与"3·14"事件的主要不是那些经历过"农奴－土改－改革开放"的老人，而是"生于70年代之后，成长在藏区，面对全球化、现代化冲击的藏族青年"，旧的合法性条件对于他们而言，已经与今天的现实相去十分遥远。"3·14"事件（以及许多其他同类事件）不是以政治斗争而是社会报复的形式爆发，说明西藏社会缺乏解决这类社会问题的政治空间，在这·条件下，社会、政治、经济、文化和宗教等领域的危机才会全部被转化为族群冲突。

这一危机是"去政治化"状态下的危机。需要说明的是：我在此讨论"去政治化"状态下的危机不是出于对社会主义时期的怀旧，而是借此指出一个常常被忽略的基本问题：西藏危机是当代中国的普遍危机的一个部分。正由于危机根源植根于当代进程本身，民族问题并不能单纯地用经济不平等来加以全面解释，它也体现在文化政治的领域。在1950—1980年代，民族题材的文学、音乐、美术、戏剧、电影和其他文化创作中，少数民族文化始终居于极其重要的地位。值得注意的是，在这个时代，国家的少数民族文化政策不仅体现在对西藏、蒙古和其他少数民族史诗、民间音乐与文学及其他文化遗产的整理和保护，而且更体现在对于一种新的政治身份和文化身份的创造。在音乐史诗《东方红》中，由胡松华、才旦卓玛等演唱的蒙古、西藏民歌在整个史诗剧中居于极端重要的地位；《五朵金花》、《草原英雄小姐妹》、《阿诗玛》、《农奴》、《冰山上的来客》、《刘三姐》等以少数民族故事为中心的电影是那个时代中国电影中的经典性作品；在1950—1980年代，中国油画、国画和壁画创作中，新疆、蒙古、西藏和西南、西北各民族的人物、场景和故事始终居于重要位置。我们可以毫不费力地在上述作品后面添加一个漫长的系列。但伴随着整个社会的"去政治化"过程，这个序列在 1990 年代终结了——我所指的终结不仅是少数民族题材作品的大规模介绍终结了，而且是少数民族文化日渐地与旅游市场的开发相互联系。正如许多国家和地区的经验一再显示的，旅游业促进了民族文化的商业化，而这正是东方主义重新植根的社会基础。如果将这两个时代的民族题材作品加以对比的话，前者的宗旨是通过一种社会主义文化来形成新的普遍身份，而后者则通过强化民族文化的"东方性"以适应市场的需求。这里暂不涉及对于社会主义时期少数民族文化创作的政治的和艺术的评价，我想指出的只是如下事实：前者在民族文化的基础上创造新的普遍身份，而后者则将民族性建构为本质性差异；前者在独特性中注重普遍性，后者将独特性塑造成特殊性。伴随着这一转变，当代中国以少数民族为题材的文化创作大规模地衰落了。在我看来，宗教和其他力量的上升是和这一衰落过程密切相关的。

五　宗教社会、市场扩张与社会流动

1. 世俗化过程中的宗教扩张

　　针对"文革"时期对宗教、寺庙的破坏，1980 年代，中国政府在西藏解除了全部宗教禁令。尊重宗教信仰的自由是完全合理的。其实，即便在土改时期，毛泽东和中国政府也明确地表示应该将土地改革与宗教问题区分开来，即土地关系必须改革，而宗教信仰必须得到尊重。据研究者的叙述，到1997年底，中国政府已经拨款修复了1787座寺庙和宗教活动场所，住寺僧尼达到46380人，占全区总人口的1.7%，诸如学经、辩经、灌顶、受戒等活动和仪式，念经、祈福、消灾、摸顶、超度亡灵等法事也都正常进行。除藏传佛教外，苯教寺庙88座，僧人3000多人，活佛93人，信教群众13万人以上；清真寺4座，伊斯兰教信众3000多人；天主教堂一座，教民700多人。在上述宗教中，藏传佛教占据中心地位，各种佛学机构、刊物和其他出版物大规模涌现。在西藏之外的藏区，藏传佛教的力量也得到了大规模的扩展。在我访问过的寺院中，中型的寺院有800名学徒和喇嘛，大型的有1500名学徒和喇嘛。在黄色的灯光下，大批的小孩在诵读经文，而寺院后院的灶房和炊具的规模，以及堆积如山的木垛，让我叹为观止。

　　但是，宗教问题并未因此解决。矛盾产生于两个方面。第一，西藏是一个宗教社会，而作为现代国家，中国政府的宗教政策是以世俗社会的逻辑制定的。宗教社会与世俗社会对于教义、知识、程序和仪轨的理解和实践存在着冲突。有一位藏族知识分子向我解释说，按照藏传佛教的规定，喇嘛学习宗教知识的过程需要按照藏传佛教的程序，比如学习某种经典必须在西藏的某个寺院，学习另一种经典就必须去青海或甘肃的另一个寺院，但现在的宗教知识是由佛学院传授的，即便是学生跟随老师学习了同样的知识，从宗教内部的观点看，这种知识的获得并不具有合法性。但在西藏社会矛盾尖锐化，寺院本身卷入这些矛盾和冲突的背景下，如何对待宗教内部的流动和动员显然是一个敏感的问题。另一位藏族知识分子说，"3·14"冲突的另一个起因是有关喇嘛年龄的新规定。许多藏族孩子很小去寺院学习，十五六岁正式成为喇嘛；由于寺院经济的发展，喇嘛也成为一种职业谋生方式。国家按照就业年龄，将原先十六岁当喇嘛的规定改为十八岁，引发了一些寺院僧众的不满。由于西藏的宗教问题牵涉的是宗教社会问题，而不是世俗社会的宗教自由问题，在社会矛盾向族群和宗教冲突方向转变的条件下，宗教问题与认同政治密切相关，宗教与政治的关系以一种新的形式被突出了。第二，宗教的新发展与市场社会的扩张同步进行，一方面是市场改革、旅游和消费活动渗透到了藏区的日常生活之中；另一方面是财富大量地流向寺院。许多访问藏区的人都对寺庙的宏伟和贫困藏民的生存状态的对比留下深刻印象。在相对富裕的地区，藏民住宅建筑用料之攀比虽然未必是市场化的产物，但也和当代消费主义文化相映成趣。中国政府为西藏的发展提供了大量的经济援助，并鼓励各地与西藏建立对口援助关系，但究竟怎样的发展模式才能更好地促进西藏的社会发展，仍然是一个值得探讨的问题。几年前，我在《读书》的编辑手记中曾经介绍过与几位从事乡村改革的藏族青年的座谈，他们提出的口号是保护生态、保护藏族文化、保护集体所有制。[1]前两条很好理解，后一条对于热衷于产权改革的人大概就很奇怪了。市场社会的产权关系、个人主义和消费主义不但对宗教社会而且也对地方社群产生着冲击。这些藏族社群的建设者提出保护集体所有制并不是要回到公社制，而是要保护藏族社群的生活方式。这是我把宗教的发展与市场化过程的同步性看作理解少数民族社会问题的一个关键方面的原因。

　　"自由西藏运动"将当代西藏的变迁形容为"文化

----

〔1〕《读书》2004年第7期，第167页。

种族屠杀"是根本性的误导。事实上，1930年代，在没有中央政府介入的情况下，西藏的现代化改革（龙厦改革）也与政教合一及农奴制度相互冲突；现代化与宗教社会的矛盾是始终存在的。在1959年之后，藏区的经济发展采用的是在国家主导之下、由经济发达区域向藏区投入的模式，而在1990年代，这个模式又为新的市场扩张所补充。我们不应回避西藏自身的社会体制和文化传统在这个现代化进程中遭遇前所未有的危机。正如整个中国社会一样，全球化和市场化正在重组整个社会，西藏社会的变迁是这一进程的有机部分，将这种危机转化为民族冲突的模式是误导性的和危险的，但由于西藏宗教文化与市场社会逻辑之间的矛盾格外明显，藏人感受到的困惑和痛苦就格外强烈。2004年在德钦藏区访问时，我有幸与青海的一位活佛和甘孜的藏学家、《藏族通史·吉祥宝瓶》的作者泽仁邓珠先生同行，并旁听他们与当地青年的座谈。以座谈涉及的问题印证我的观察和阅读，我觉得藏族社会的危机感主要体现在如下几个方面。

第一个危机是宗教在世俗化过程中的危机，这个危机主要表现在两个方面，其中一个是现代化与宗教社会的矛盾。19世纪晚期西藏社会内部有过现代化的尝试，但很快被英国殖民者的入侵打断了，而宗教力量对于现代化抱有敌意。关于这一点，一些西方藏学家也有深入的论述。真正的困境是：西藏的宗教与世俗社会的关系问题完全不同于西方社会的宗教自由或信仰自由问题，也不同于西方社会理论家们所讨论的作为一个合理化领域的宗教与现代社会的关系问题。西藏宗教问题的核心是现代化与宗教社会的矛盾和对立，即宗教社会如何面对世俗化的问题；由于现代化常常表现为是由经济发达区域向藏区传布，这一进程的表现形式就常常是所谓"汉化"。世俗化的第一步是1950年代末期开始的政教分离，而在1980年代后期、尤其是1990年代之后，这一进程由于市场的剧烈扩张而更加尖锐化了。西藏虽然被称为宗教社会，但它的政治中心和经济中心已不再由寺院和僧侣决定。越是遭遇强烈的文化危机感，雪域高原和藏传佛教作为认同的基础就会不断得到强化，但越是强化这种认同，如何面对现代化与"汉化"的这种重叠性就成为更大的困惑。由于政教分离、经济与宗教分离，对宗教认同的强化也就自然地在政治与宗教、经济社会与宗教之间产生深刻紧张。在座的一位藏族学者提醒那些对自己的文化怀抱忧患意识的青年们说，现代化是挑战，但绕不过去。这也让我想起2000年韩国金大中总统会见十余位外国学者时所说的话：全球化是挑战，但韩国没有别的办法，只有闯进去才会有一条生路。我记得当时在座的法国社会学家布迪厄怀疑地说：全球化与文化多样性是矛盾的。但是，在西藏地区，如果现代化被等同于"汉化"，宗教与世俗化之间的矛盾就会向汉藏冲突的方向转化。

其次是宗教组织在世俗化进程中的危机。寺院在宗教社会处于中心地位，但在政教分离、经济与宗教分离的状态下，经济社会构成了宗教社会之外的挑战和诱惑。我听一位老一代的藏族知识分子说，他这一辈人聚到一起时，最痛心疾首的就是宗教和寺院的腐败。除了聚敛财富之外，一些僧侣也过着双重生活，不守清规戒律，白天到寺院"上班"，晚上回家过另一种生活。宗教腐败很容易激发满怀忧患的藏族青年的道德意识和热诚的宗教信仰，当这种信仰和道德感被引向民族关系时，更为激烈的社会行动不是难以预见的。西藏骚乱中受伤害最深的是从事商业活动的汉人和回民，而攻击者包括年轻的喇嘛和教徒，这或多或少地与西藏宗教社会自身的危机有关——怨恨的根源来自世俗化即"汉化"这一表面的重叠，说它是表面的，并不是说两者之间没有实际联系，而是说所谓"汉化"放在其他地区其实也可以表述为"西化"、"全球化"、"资本主义化"或别的什么"化"。

现在谈到西藏时，人们经常重复1980年代胡耀邦的说法，即全民信藏传佛教，这固然是基本的情况。但是，藏族社会不同区域、不同阶层（如普通农牧民与精英阶层）对于问题的看法并不一致，宗教社会内部有不同的教派，宗教社会外部存在不信教的或者说世俗的藏族知识分子，他们大多尊重宗教信仰，也信奉信仰自由。藏族社会内部存在着不同的取向、群体和声音，包括对藏传佛教的批评的声音，但恰恰是由于一种深刻的危机感，以及这种危机感的特殊表达形式，藏族认同被完全维系于藏传佛教之上，藏族社会声音的多样性反而被湮没了。在历史和宗教研究方面，一些藏族学者重新研究吐蕃时代的西藏传统，探讨19世纪后期夭折的现代化努力，回溯苯教的形成和衰落，显然也是在探寻西藏的另类传统，但这样的声音在认同政治日益强化的语境中细若游丝。因此，理解西藏及其宗教问题也需要打破那种将西藏总体化的方式，这种方式其实正是西方媒体观察中国时常常采用的方式。我因此还要补充说：我们不但应该倾听藏族社会内部的不同声音，我们还应该倾听西南和西北地区其他民族成员的声音。回族、维吾尔族、羌族、彝族、汉族、蒙古族、独龙族、纳西族、白族、苗族、傣族、普米族、傈僳族等等，没有这些不同民族的声音，理解中国的大西南或大西北是不可能的；我们也不能将族群作为声音的唯一根据，我们还应该倾听不同阶层的人的声音：城乡差别、贫富差别、文化和教育程度的差别、阶级和阶层差别、山地与平原差别、河谷与旱地的差别，也应该在多重声音中得到展现。

2. 市场化、全球化与语言危机

第二个危机感源自语言问题。西藏地区地市所在地的小学实行汉语为主，兼设藏语课的教育；地市以下单位、农牧区实行藏语为主，兼设汉语课的教育。在"文革"以后，政府对西藏的教育和文化的投入，其中也包括藏语教育的投入，都是巨大的。然而，在城市化和市场化的浪潮中，越来越多的年轻藏民、尤其是那些身处混居地区的藏民对于藏语的学习兴趣大为减弱。这是少数民族面临的普遍问题。[1]如果将这一现象与汉语受

---

[1] 在语言问题上需要作出一些区分。如同埃里克·霍布斯鲍姆所说，"一旦独立的民族得以建立并能长久生存下去，其境内弱小民族的语言文化势必会逐渐失传"，但这"根本无关乎种族沙文主义"。（《民族与民族主义》，第36页）另一方面，国家是否采取恰当的措施以维护和发展民族语言则仍然是一个重要问题。

到英文的冲击相比，两者也并非没有相似性，不同之处在于汉语人口基数巨大，不会像藏语人口那样产生强烈的语言危机感；但若将藏语的状况与更小的族群相比，藏语言的生命力又显得相当旺盛。较小或较弱的民族的语言及其文化在现代化过程中面临的危机需要认真对待，例如通过政策安排加强和倡导双语或多语教育，并通过法律形式保障少数民族及其文化在就业和其他社会领域的权利。但这一问题需要置于对发展模式的反思中考虑，而不应简单地在"文化种族灭绝"或"民族冲突"的范畴内讨论。在德钦的座谈会上，有青年提到青年一代中说藏语的人的比例下降严重，他们还质疑：连参加藏族文化研讨会的一些藏族学者也不会说藏语，他们怎么能够深入讨论藏族文化呢？事实上，在座谈中，所有参与者都会说普通话。我后来结识的一位研究苯教的藏族学者对我说，他不喜欢汉语或国语的提法，因为他们从小学习藏语，也学习普通话，普通话是他们自己的语言，不应该用汉藏的区分加以规定。我完全同意这一看法：汉族本是一个历史形成的混合体，语言中包含各民族的要素，汉藏语本有同源性，用近代的民族观对语言加以规定无益于人们之间的相互交往。这样的看法虽然在杂居地区易于接受，但在民族相对单一的西藏地区，语言的变化势必会引起比杂居地区更为强烈的反应。这个问题并不因为政府对少数民族语言的扶持而消失。

3. 日常生活方式的巨变

第三个危机感源自日常生活方式的变化。尽管过去三十年中，寺院和宗教的发展非常迅速，但交通、媒体、大众文化以及其他生活方式的变迁也正以更为惊人的方式改变着西藏社会。19世纪晚期至20世纪前期，传统文化与西化的冲突至今让人记忆犹新，但从晚清开始，中国知识分子中出现了一个强大的改革的和启蒙的潮流，它与国家机器自身的变迁相互呼应，对于中国社会的巨变产生了深远的影响。藏族社会一方面置身于甚至比晚清和20世纪汉地社会更为剧烈的变迁之中，另一方面又经历着后革命时代的宗教发展和扩张，但它本身从未产生过类似辛亥革命、"五四"新文化运动这样的大规模的自我改革和文化启蒙。这是两种不同的现代传统，即启蒙的传统和宗教的传统，站在这两种不同的传统中，对于同一事件的感知很可能完全不同。比如，对于绝大部分中国人而言，穿西服或牛仔裤已经很日常，不会有辜鸿铭当年的那种痛心疾首的感觉；许多藏人也一样穿西服、牛仔裤、登山服，但另一些藏人认为这是藏族文化的危机。我认识的藏族朋友平时很少穿藏族传统服装，但在参加有关的文化座谈会时却特意改穿传统服装，表明他们在涉及"文化"问题时，内心里有一种矛盾和紧张感。伴随着城市化进程，藏族村寨的传统建筑样式发生了变化，许多年轻人更愿意住楼房，而楼房的室内格局与藏族住宅的布局完全不同。在一个座谈会上，一位年纪较大的人抱怨说，现在的建筑将厕所建在室内，完全违背了藏族的传统。当然，这是老一代人的感受，新一代人未必很在意这些问题，很多人听这个问题甚至会觉得好笑，但对满怀文化忧患的藏人而言，这是个严肃的问题。这样的日常生活细节最能显示文化变迁的深度，对此觉得好笑本身也说明了我们自身的社会在过去百年中所经历的"西化"的转变有多么深刻。

4. 社会流动、移民权利与民族区域的社会危机

第四个方面是社会流动，这很可能是矛盾冲突的催化剂。传统中国也存在着社会流动，比如18世纪开始的大规模的内地居民走西北、闯关东的现象，规模很大。但以乡土为中心的社会迁徙与市场社会的新的劳动分工的形成有所不同。市场经济的发展、户籍制度的松动和交通工具的改善为大规模社会流动创造了条件。伴随大规模城市基础建设的扩张，青藏铁路的通车，以及旅游业、服务业的发展，藏区经济处于前所未有的开放

态势，以劳工、技术人员、服务行业从业者、旅游者为主的大量外来人口（以汉人与回民为主）进入藏区。在全国范围内，移民的主要态势是从内地往沿海、从乡村往城市集中，规模之浩大，即便对于北京、上海这样的中心城市也形成了很大压力。尽管国家对藏区的投入加大，区域差别却在扩大。"西部大开发"战略就是为了缓解区域差别、促进西部经济发展而确立的，它也不可避免地带动了雪域高原——主要是城市地区——的人口流动。如果与东部或其他地区相比，西藏的流动人口数量不大，主要集中在拉萨等中心城市，其中很大一部分只是季节性的佣工或短期的生意人，并未像西方媒体所说的那样改变基本的人口构成。但正如马戎和旦增伦珠的研究指出的："西部地区是少数民族聚居区，来自东部、中部汉族地区的流动人口将会使当地族际交往的深度和广度大幅增加。西部开发不仅将扩大族际交流与合作的空间，也将会凸显民族之间的文化宗教差异，就业和资源的激烈竞争，从而使西部地区的民族关系呈现一个非常复杂的局面。"[1]招商引资、社会流动、劳动力

〔1〕　马戎、旦增伦珠：《拉萨市流动人口调查报告》，《西北民族研究》2006年第4期（总第51期），第168页。

市场是市场社会形成的基本要素，而旅游更是西部地区发展经济的基本手段。迁徙和自由流动是公民的基本权利，但在发展主义的逻辑下，无视不同区域和不同社会群体之间在教育、文化、语言和其他社会资源分配方面的现实差异，大规模的人口流动势必导致资源与收益向某些群体倾斜。就西藏的情况而言，相对于外来人口，普通藏民在资本、技能和市场竞争意识等方面都处于较弱的位置，也易于被边缘化。在上述宗教社会的危机之中，世俗化问题与本地－外来之间的关系错综纠缠，其结果是世俗化导致的危机也被投射到"汉化"问题上来。在市场经济和大规模社会流动的背景下，如何将保护文化多样性与实现社会平等结合起来，如何在保护少数民族利益和保障移民权利之间取得平衡，是完善民族区域自治、促进各民族平等交往的关键环节。

这里的关键问题是：尽管在整个中国社会都存在着贫富分化现象，但在民族地区，贫富问题往往与不同民族在传统、习俗、语言及其在市场经济中的位置有着密切的关系。因此，不要说当代中国广泛存在的腐败可能导致族群的矛盾，即便按照最为理想的市场模式——即所谓起点平等——来形成市场竞争，也会由于忽略不同民族间的文化差异而导致新的分化。例如，在一些少数民族地区，由于不同民族成员在市场关系中的位置不同，工资、待遇和机会的差异往往会体现在不同民族成员之间，从而构成了歧视现象。[1]总之，经济增长能否促进民族关系的和谐，依托于各种条件，两者之间并没有必然的关系，根本的问题仍然是如何发展，怎样发展，以及如何解释发展？

六 "承认的政治"与多民族社会的
　　平等问题

西藏问题的复杂性折射出了一个宗教社会自 19 世纪以降所经历的危机的全部深度，迄今为止，还没有哪个地区和社会真正解决了这一现代性危机。指出西方社会对中国的不实指责是一回事，如何应对这些具体而复杂的问题是另一回事。十年前，我在为《文化与公共性》一书撰写的导言中曾经涉及当代文化理论中的两个

---

〔1〕 随着市场经济的发展，北京、上海等中心城市出现了一些性别歧视的条款，如公司只招男性不招女性，或同工不同酬的现象；而在民族地区，这种歧视性条款也出现在民族差别中，比如在有些民族混居地区，招工广告中出现了"汉族每天 50 元，藏族 30 元"的歧视性条款。这些歧视性的广告必须予以坚决的制止。

核心问题：一、现代社会能否在某些情况下将保障集体性权利置于个人权利之上？二、现代社会以形式主义的法律体系为中心，我们是否还要考虑某些社会的实质性观点？[1] 在编译那本文选和撰写导言时，我考虑的就是多元文化社会中的"承认的政治"问题，但这一问题意识很快就被湮没在有关全球化及中国民族主义的喧哗之中了。

当代中国现代化思潮的核心观念是法制的市场经济、个人权利、私有产权等。尽管论述各有不同，这些命题共同地指向一种程序性的、去政治化的权利自由主义是清晰的。其实，这一自由主义话语就是现代化理论的翻版。我对私有产权论的批评并不是要反对保护私有财产，而是反对将这一概念作为无所不包的普遍真理。

---

〔1〕 汪晖：《〈文化与公共性〉导言》，见《文化与公共性》，北京：三联书店，1998 年，第 12 页。这是一本围绕"文化"（cultures）、"公共性"（publicity）与"承认的政治"（the politics of recognition）等主题编选的文选，其中收录了包括 Hanah Arendt、Jurgen Habermas、Charles Taylor、John Rawls 等作者的相关著作。我在这里所讨论的"承认的政治"这一概念直接引自 Charles Taylor 的"The Politics of Recognition"，see *Multiculturalism*，by Charles Taylor, K. Anthony Appiah, Jurgen Habermas, Steven C. Rockefeller, Michael Walzer, Susan Wolf, Princeton, New Jersey：Princeton University Press, 1994, pp.25—74.

在一个文化多元和族群关系复杂的社会里，平等保护个人权利与平等保护集体权利之间常常会发生矛盾。按照权利自由主义的观点，宪法和法律不能保护任何集体性目标，那样就构成了歧视；而按照社群主义的观点，这种抽象的平等个人及其权利的观念产生于特定的文化和社会，将它运用于其他社会也构成了歧视。因此，平等尊重不但应该针对个人，而且也应该考虑集体性的目标，比如少数民族、妇女和移民的特殊要求。

中国的少数民族政策事实上就包含了这种对于集体目标的承认。在推行民族区域自治初期，曾有许多人从不同的角度对区域自治表示怀疑，他们有的问："民族压迫已经取消，民族平等已经实行，只剩下各民族内部的民主问题了，还要实行区域自治吗？少数民族干部已在政权机关担负主要责任，还不是区域自治吗？某些聚居区的少数民族，其社会经济与汉族相同，或缺乏语言文字，也要实行区域自治吗？强调民族形式，不会助长狭隘民族主义吗？"也有人问：区域自治"非有民主不成吗"？"非搞好自治区外部的民族关系不成吗"？[1]区域

---

〔1〕 何龙群：《中国共产党民族政策史论》，北京：人民出版社，2005年，第136—137页。

自治是将自主性与交互性、独特性与普遍性联系起来的方式，它对集体特性加以承认，但并不认为这种集体权利或集体性与普遍性是对立的。那么，对于少数民族的特殊政策是否对其他居民构成歧视性呢？比如在生育政策上，少数民族不受限制和受较小的限制，而主体民族只能生一胎；又比如，少数民族可以享受一些紧缺的生活必需品，而汉人却无权享受或受到严格限制。这些政策曾经在援藏、援疆的干部和技术人员中引起很大不满，认为没有被平等对待，但考虑到少数民族的人口、习俗的特殊性，这些政策和法律又体现了平等尊重的原则。事实上，中国少数民族区域制度及其相关安排与中国的政治传统有密切关系，例如清代对边疆的治理讲究"从俗从宜"，发展出土司、部落、盟旗和政教等不同的治理模式，而每一种所谓模式又都根据宜俗的原则进行调整和变化。换句话说，这些制度是承认差异的，但在形式主义的平等视野看来，承认差异也就是承认等级性，从而应予否定。

在多元性的社会中，如何将尊重平等和尊重差异这两个原则统一起来，是一个巨大的挑战，但这也是"多元一体"这一概念的魅力所在。西方社会是一个权利主导型的社会，由于社会不平等产生于权利自由主义的形式平等之下，少数民族争取权利的斗争往往采取认同政治的形态。社群主义者认为应该将这种认同政治转化为"承认的政治"，即通过承认差异来贯彻平等的价值，以弥合社会的分裂。在这里，承认不同文化具有平等价值是一个假设或逻辑起点，而不是实质性的判断，其前提是承认的政治必须在公共交往的前提下进行。所谓公共交往的前提包含两个意思：一、如同查尔斯·泰勒所说，如果不同民族的文化在这个公共交往中不能各放异彩，承认不同文化具有实质性价值就等于是在屈尊俯就，而屈尊俯就就显然是和平等的政治或者说尊严的政治相对立的。[1]因此，多元一体必须以多元性为基础，没有这种多元文化的繁荣，"一体"就是由上至下的。二、公共交往不仅是指不同民族文化之间的对话和交往，而且也指每一个民族内部的充分的交往，没有这个前提，承认的政治就很容易转化为少数人操控族群政治的过程。因此，要想让"多元性"不是成为分离型民族主义的基础，而是成为共存的前提，就必须在每一个"元"中以及不同的"元"之间激活交往与自主的政

---

〔1〕　Charles Taylor："The Politics of Recognition",*Multiculturalism*,
　　　pp.25－74.

治，而不是将"元"视为一种孤立的、绝对的存在。在这个意义上，"承认差异"不是将差异永久化，而是以多样性和平等为取向促进不同族群之间的交往、共存和融合。我们今天最为匮乏的正是不同民族的和同一个民族的知识分子之间的公共交往和平等对话。如果说在当代中国存在着偏见的话，它的主要形式不是显性的歧视，而是隐性的无知和忽略。[1]例如，当西藏发生骚乱时，藏族的知识分子之间是如何讨论的？有什么不同的看法和解释吗？如果我们在公共媒体中听不到他们的声音，就会失去不同背景的知识分子相互对话和交流的机会。

西藏问题涉及社会流动条件下少数民族文化和移民权利的双重保护和自由问题。在全球化和市场化的条件下，民族区域自治制度也需要适应变化的条件进行调整，但这并不意味着应该彻底废除民族区域的概念，用一种新的人为的统一建制覆盖实际存在的差异。承认文

───────────

[1]　在当代中国知识界的公共讨论中，关于民族问题、民族关系问题的讨论较少。我认为这一现象是和中国知识领域的状况密切相关的。许多少数民族学者懂得多种民族语言，但难以在公共讨论中发出自己的声音；他们的讨论至今限制在区域的和民族研究的范畴之内。这一现象亟待改变。

化差异既不意味着将文化差异永久化和本质化，以致退回到族群政治的模式之中，就此而言，我完全同意许多学者对于民族识别过程将族群关系建制化的批评；但也并不意味着可以无视历史差异，强制地将不同的文化和族群纳入一种形式主义的权利体系之中。除了促进社会的交往和共存之外，一个真正的挑战在于能否超越这些既定的身份政治，在阶级政治衰败之后，重新创造出一种能够让不同的人群平等参与并保持社会的多样性的普遍政治。总之，没有民众性的政治基础（自主的、能动的参与性），民族问题就只能成为少数人与政府之间的博弈，而且极易陷入西方主流舆论和不同类型的族裔民族主义者所竭力营造的汉藏二元论的框架之中。要打破这一"汉藏矛盾"的框架，就必须彻底思考我们的发展主义逻辑，创造更具包容性的公共空间，让普通人民的声音在这个空间中获得充分表达，为新的平等政治奠定基础。

七　抗议运动是一种尊严政治

"西藏问题"是在复杂的历史条件下产生的现象，它折射出中国市场化改革和全球化过程所面临的挑战和危机。但是，事件爆发后，我们面对的是双重误导：一方面，西方的主流舆论不但不能对自己的殖民历史在其他地区造成的贻害做出反省，反而将这一深刻的、与西方世界自身几个世纪的运动密切相关的问题扭曲为一场反中国的合唱，对于那些身处西方、对于西方社会的歧视性意识形态抱有深切感受的年轻人而言，心灵受到的创伤和撞击是深刻的。另一方面，中国的媒体在对抗西方舆论的同时，也需要将焦点集中于西藏社会的矛盾与危机，并以此为契机，通过反思和调整当代中国社会的发展模式，以化解西藏和其他一些民族地区的危机。因此，随着西藏危机转化为抢夺奥运火炬的争端，西藏问题被搁置一边。我并不认为这是什么"文明的冲突"——这是"无知的冲突"外加新型的冷战政治。

任何一场大规模的社会运动都包含着多重内涵，我不能为参与这场运动的每一个人的行动及其动机做出解释。在中国学生的抗议运动中，我们听到过许多褊狭的言辞，年轻一代对于"西藏问题"与西方媒体一样知之甚少。但简单地将这场运动说成是"狭隘的民族主义"显然没有弄清问题的实质。首先，这场运动保卫的是奥运火炬，而不是保卫中国火炬，其中包含着寻求世界和平、捍卫各国人民在奥林匹克旗帜下的公共交往的意义。其次，针对西方主流媒体对于西藏暴力事件的系统性扭曲和对奥运火炬传递过程的不公正报道，海外留学生和海外华人要求澄清事件真相，抗议在西藏发生的暴力行动。在遭到批判的西方媒体中的相当一部分曾经在科索沃战争、阿富汗战争和伊拉克战争中扮演了可耻的角色。CNN等主流媒体对中国和中国人民发表的污辱性言论不但暴露了根深蒂固的种族主义偏见，而且也煽动着自身社会的"狭隘的民族主义"。正由于此，在抗议运动中，学生们试图将这一运动与反战运动联系起来，表明他们开始将对中国的关注与一种世界性的、国际主义的眼光联系起来。第三，在这里必须严格地将对霸权和针对平民的暴力的批判与对少数民族的尊重、对当代社会变迁中民族问题的复杂思考区分开来。海外学生运动以最为明确的态度表明了对这些霸权势力和分裂势力的拒绝，从而让全世界听到了中国社会自身的声音；没有这样的声音，中国与西方的关系就总是停留在外交的范围内，而缺乏民间的干预。无论人们喜欢与否，学生力量的展示为究竟什么是民间的声音提供了有力注解。这也是·个契机，一个让新一代人重新理解中国、理解中国的矛盾和困境、理解中国在当代世界体系中的真实位置的契机。

这场运动也是一种尊严政治的展现。1993年，在美国政府和其他一些西方政府的干预之下，中国没有获得2000年的奥运会主办权；十五年后，当中国在积极筹办奥运会之际，许多来自西方的政治力量再次寻求各种途径和方式试图羞辱中国，这种霸权主义政治和心态不但在中国，而且也在许多第三世界国家遭到强烈抵制。在西方政治传统中，现代的尊严与传统的荣誉观截然不同：荣誉产生于旧制度的等级制，它和不平等有着内在的联系，而尊严产生于这种等级制的崩溃，它是平等主义的和普遍主义的。平等的承认是民主的前提。CNN的污辱性言论体现的是一种等级主义世界观，它的反面是霸权国家的荣誉观——这些国家的政治家习惯谈论的是保持自己国家的"领导地位"和"优越性"，而不是获得平等承认；与这种作为旧制度遗存的等级主义世界观相对立，中国的学生运动和华人运动坚定地相信平等承认对于现代政治的极端重要性，他们捍卫民族尊严的努力因此可以被视为现代平等政治在国际领域的展开。

我在这里强调的只是：尊严政治和平等政治的逻辑应该被贯彻到中国社会的各种社会关系包括民族关系之中，而不应仅仅限于针对西方媒体不公正言论的抗议。西藏危机不是偶然的，它深深地植根于中国社会转变之中。如果抗议运动不能将尊严政治的原则扩展至捍卫包括藏族、维族和其他各少数民族在内的人的尊严，就会失去尊严政治的平等内涵；如果抗议运动被族群仇恨和敌视的情绪所裹胁，也就背离了各民族平等、合作、互助、融合以形成一个公民的政治共同体的政治原则。在一个去政治化的时代里，寻求平等承认和尊严的运动也可能成为新的政治得以诞生的契机。在这场运动中，新的事态激发了新一代人的政治热情，让他们参与到当代中国和当代世界的公共生活中来。在汶川地震中，中国年轻一代显示出的献身精神是和这种道德热情和政治关怀密切相关的。这次地震的中心地区就是阿坝藏族羌族自治州，那里聚居着包括藏族同胞在内的各个民族的人，那些来自全国各地的志愿者们从未用种族的或者族群的眼光看待受难者——这种意识甚至从未进入过人们的意识或潜意识，他们在为拯救自己的同胞而奋斗。"多元一体"的纽带就是在这种深刻的感情和互助的行动中展现出来的。我期待着：在这个危机时刻焕发出的公共意识不但能够转化为持久的民主动力，而且也能够转化为一种重新理解和认识中国社会及其不同区域和文化的契机——我们正在面临一个危机接踵而至的时代，如果不能通过具体的社会力量改变发展主义的逻辑，在

20世纪的地基之上重新形成以人民主体为基础的公民政治，这个危机就不可能真正化解。为了促进这种新政治的诞生，中国社会的新的自我认识和不同族群的知识分子之间的对话是迫切需要的。

中　篇

跨体系社会与区域作为方法

引　言

在 1989 年之后，中国几乎是当代世界上唯一一个
在人口构成和地域范围上大致保持着前 20 世纪帝国格
局的政治共同体。在各种有关中国的具体问题的讨论
中，"何为中国"始终是一个核心的但常常被掩盖了的问
题。通过对中国历史研究中有关"区域"的论述和"区
域主义"方法的分析和总结，我试图在跨体系社会
（trans-systemic society）这一概念下，提出一种不
同于民族主义知识框架下的中国观。[1]"跨体系社

〔1〕　本文提纲曾在由中国文化论坛与中央民族大学联合举办的"区域、
　　　民族与中国历史的叙述"（2008 年 12 月 6—7 日，北京）学术讨论会
　　　上作为开场发言宣读。2009 年 5 月 20—23 日，作为前一次会议的
　　　延续，中央民族大学与中国文化论坛联合举办了"超社会体

会"是指包含着不同文明、宗教、族群和其他体系的人类共同体，或者说，是指包含着不同文明、族群、宗教、语言和其他体系的社会网络。它可以是一个家庭，一个村庄，一个区域或一个国家。在欧洲民族主义的时代，康德曾断言："国家是一个人类的社会，除了它自己本身而外没有任何别人可以对它发号施令或加以处置。它本身像是树干一样有它自己的根茎。"[1]如果不是仅仅着眼于民族国家与社会的关系，而是着眼于社会形态与政治结构的关系而言，这一判断仍然有着合理性：作为一个人类社会的国家涉及物质文化、地理、宗

（接上注）

　　系——历史与社会科学中的区域、民族与文明"学术讨论会。根据王铭铭教授拟定的会议宗旨，"超社会体系"（supra-societal systems）是指超越我们通常定义的"民族体"的区域性物质与精神关系的体系，既有"物质文化"、"地理"、"经济"的表达方式，亦有宗教、仪式、象征、法权、伦理的表达方式，既可以是现世的，也可以是宇宙论与道德－法权方面的。受这一会议宗旨的启发，我在会议发言中将这一概念倒转为"跨体系社会"，主要是为了强调物质文化、地理、经济、宗教、仪式、象征、法权和伦理表述的多样性共存于一个社会体之中，从而为观察一个社会的政治文化提供新的视野。本文初稿使用的是"复合社会"这一概念，而在会议之后，我决定采用"跨体系社会"取代"复合社会"的概念，以与"跨社会体系"这一概念相互呼应。

〔1〕　康德：《永久和平论》，见《历史理性批判文集》，何兆武译，北京：商务印书馆，1991年，第99页。

教、仪式、政治结构、伦理和宇宙观及想象性世界等各种要素，而不是一个简单的人造物。但是，在欧洲的语境中，国家的边界与文明的边界并不重叠，而中国历史始终存在着一种将文化的边界与政治的边界相互统一起来的努力。也正由于此，在涉及中国国家性质的界定时，"文明国家"的概念比民族国家的概念更易为人接受。"跨体系社会"不但不同于从"民族体"的角度提出的各种社会叙述，也不同于"文明国家"的概念。跨体系社会很可能是一种跨文明的社会体，我们如何理解跨体系社会的文化边界与政治边界之间的关系，如何从跨文化的角度定义文化概念和政治概念？与当代政治理论中的多元社会的概念相比，跨体系社会更强调一种各体系相互渗透并构成社会网络的特征。例如，中国西南民族混居地区的家庭和村庄常常包含着不同的社会体系（族群的、宗教的、语言的等等），并与这些"体系"之间存在着联系，但同时，这些社会体系又内在于一个家庭和村庄、一个社会。将跨体系社会与区域范畴相关联，是因为"区域"既不同于民族－国家，也不同于族群，在特殊的人文地理和物质文明的基础上，这一范畴包含着独特的混杂性、流动性和整合性，可以帮助我们超越民族主义的知识框架，重新理解中国及其历史演变。另一方面，跨体系社会同时也与跨社会体系（trans-societal system）相互缠绕。例如，中国历史中的朝贡体系不但是跨体系社会的联系方式，而且也是跨社会体系的连接网络，它将更广阔的区域内的各政治共同体连接在一起。因此，在跨体系社会和跨社会体系的视野中，重新检讨区域、尤其是民族区域的概念，对于回答"如何理解中国"或"何为中国"这样的问题而言，是至关重要的。

一 两种区域主义叙述

过去二三十年来，区域研究兴起，无论在国家史内部，还是在世界史的范围内，逐渐成为主流的历史研究方法。本文不拟直接进入对于具体研究成果及其结论的评判，而是以方法论问题为中心，结合各种研究路径，对"区域作为方法"这一问题做一点分析。这也给了我一点自由，即跨越不同的研究领域，观察"区域"在经济史、人类学和民族史等领域的不同运用及其相关性。

70 年代以降，所谓地方史取向在美国的中国研究中产生了一系列成果，在社会史、革命史、城市史和经济史的研究中，这一方法改变了中国研究的整体框架。

由于人类学和文化研究的引入，地方史研究的方法发生了一系列变化，性别、族群等话题也在区域史的范围内展开了。与此相联系但有所区别的，是在世界史范围内观察区域联系的努力，其关注的重心是那些跨越民族国家边界的区域联系和认同关系。布罗代尔的《地中海》可以算做这一潮流的先驱，它综合了长时段（地理时间）、中时段（社会时间）和短时段（事件史）三个时间层次，用以研究总体史。这类研究一方面超越民族国家的框架，在不同区域之间构成了比较性的关系；另一方面又将区域设定为一种新的、形态不同的主体，如亚太、欧洲、东亚和东南亚等等，并在不同的时间层次中对区域进行观察。[1]我将前一种区域主义方法称为"针对国家及其行政区划而产生的区域主义叙述"，将后一种区域主义方法称为"针对民族国家和全球主义而产生的跨国性区域主义叙述"。这两种方法并无明显的隔绝，围绕民族起源、朝贡－外交关系、经济圈或文明圈等框架，它们相互支撑和渗透。我们的讨论以"民族区域"为中心，但上述两种区域主义方法并不是与此

---

[1] 布罗代尔：《菲利普二世时代的地中海和地中海世界》(两卷本)，北京：商务印书馆，1996 年。

无关的。

施坚雅 (G. William Skinner) 编著的《中华帝国晚期的城市》(*The City in Late Imperial China*) 出版于 1977 年,是美国中国研究中的区域史转向的奠基性作品,对其后美国的中国研究中的地方史取向有重大的影响。[1]施坚雅将集市体系与区域体系综合在他的研究模式中,为中国市场史、人口史和城市史的研究提供了新的视野。在解释他的研究动机时,施坚雅说:

> 大部分中国人想到中国的疆域时,是从省、府和县这一行政等级区划出发的。根据行政区域来认知空间在明清时甚至更为显著。

> 这种把中国疆域概念化为行政区划的特点,阻碍了我们对另一种空间层次的认识。这种空间层次的结构与前者相当不同,我们称之为由经济中心地及其从属地区构成的社会经济层级。就一般情况而

---

[1] 孔飞力 (Philip Kuhn) 对太平天国与清代地方军事化的分析、黄宗智 (Philip Huang) 对华北和江南的小农经济的研究、周锡瑞 (Joseph W. Esherick) 对山东义和团运动的讨论、艾尔曼 (Benjamin Elman) 关于常州学派的研究,以及革命史和社会史中有关浙江会党、汉口等地方的研究,也都可以视为美国的中国研究中的地方史转向的代表性作品。

言，在明清时期，一个地方的社会经济现象更主要的是受制于它在本地以及所属区域经济层级中的位置，而不是政府的安排。本书的贡献之一，在于它讨论了社会经济层级作为一种理论构架对于分析明清时期中国的社会进程、经济交流和文化变迁的重要意义。[1]

在施坚雅看来，省、府、州、县等行政区划也构筑了区域的范畴，但与"由经济中心地及其从属地区构成的社会经济层级"相比，前者更像是一种由上而下的人为秩序，而后者"不是政府的安排"，而是漫长历史进化的更为自然的结果。因此，这一区域主义方法隐含着一种自然演化的秩序观，它将由政府所确定的、作为行政单位的区域视为一种不能真实反映区域关系的安排和规划。

从大的方面看，针对国家行政区划而产生的区域主义并未直接挑战民族国家史的框架，但它将国家做了区域性的解释。如果我们超出经济史的范畴，就会发现这

---

〔1〕 施坚雅主编：《中华帝国晚期的城市·中文版前言》，北京：中华书局，2000年，第1页。

种区域主义方法在早期中国的民族史研究中并不陌生。例如，李济在 1928 年完成的博士论文《中国民族的形成》中就提出过"一种不同于省份区划的地理单位"。按照他的观察，各个朝代出于行政管理的目的而用不同的方式划分中国的政治单位，中国的地区划分是随着政治的演进而不断变化的。值得注意的是，国家或王朝对区域的划分并不是简单自上而下的行为，它也综合了各种历史演化的要素，比如，"各地区的面积主要是随着人口聚集的程度而异，而聚集的地望又多半取决于移民迁徙的路线。因此，政治单位的数量和面积的变动在某种程度上可以显示出我群聚集地望的变动。"但是，由于政治单位是根据地望变动而形成的，"找寻出某些决定着地望变动而不是为地望变动所决定的地理划分，对于用比较的方法来研究这些变动是大有必要的。河流和山脉是人口流向的自然决定因素。其中，河流的影响尤其重要。"[1]不是地理划分，而是地望变动及其动力才是划分区域的真正根据。李济就是据此区分出他的"五大区域"，即东北区（黄河东段以北地区，相当于今之

---

〔1〕 李济：《中国民族的形成》，南京：江苏教育出版社，2005 年，第 247—248 页。

直隶和山西)、中部东区 (黄河东段以南及长江东段以北地区,相当于今之山东、河南,及湖北、安徽和江苏的绝大部分)、中部西北区 (中部东区以西,黄河以南和长江以北地区,相当于今之陕西、四川,以及甘肃的一大部分)、西北区 (甘肃省内的一小部分,处在黄河以北地区)、南方区 (长江以南的所有地区,包括浙江、福建、江西、湖南、贵州、广东、广西,还有江苏、安徽、湖北的一部分,以及云南)。

民族史研究以追溯中国民族的形成为中心,它所使用的资料大体包括中国人人体测量数据、史书里有关城邑建筑的资料、姓氏起源资料、人口资料和其他历史文献资料。从方法论的角度看,这些资料的使用——如张光直在概括李济的工作时所说——综合了考古调查、民族志调查、人体测量调查和中国语言研究等四种方法。正是根据这些文献和方法,李济分析出中国民族的五个源头:黄帝子孙、通古斯人、孟-高棉人、掸人和藏缅人。他的区域划分以追溯民族形成为目的,尽管十分注重中国民族形成的混杂性,但关注的空间范围主要局限于中国本部,满洲、西藏等后来成为中国行政统属范围的地区就不在他研究的"区域"范围之内。

费孝通在《中华民族多元一体格局》中将中华民族

聚居地区归纳为六大板块和三大走廊的格局，显然考虑到了中华民族形成的漫长过程，尤其是各少数民族在民族形成与区域关系中的角色。这个看法显然与李济早期的观察不同了。费孝通所说的"六大板块"是指北部草原区、东北部高山森林区、西南部青藏高原区、云贵高原区、沿海区和中原区，三大走廊则是指藏彝走廊、南岭走廊和西北走廊，其中藏彝走廊包括从甘肃到喜马拉雅山南坡的珞瑜地区，这一走廊是汉藏、藏彝接触的边界，包含着许多其他族群。[1]较之单纯的族裔民族主义的观点，这种以区域为中心形成的独特的中国观是对中国各族人民多元并存的格局的理解。苏秉琦等考古学者在考古学领域中所提的中国文明的"满天星斗说"也可以与此说相互参照，两者的共同意趣是显而易见的——不是黄河中心说，而是满天星斗说，为中国文明的源头提供了不同的图景，虽则那个时候还没有"中国"这一说。

同样以地望和迁徙为杠杆，早期民族史研究以民族形成为中心，而当代考古学和人类学却以跨民族区域及

---

〔1〕 费孝通：《中华民族的多元一体格局》，见《中华民族多元一体格局》，费孝通等著，北京：中央民族学院出版社，1989年，第8—12页。

其经济发展为中心，两者观察区域的立意已经有所区别。但这种区别是相对的。无论在中国的民族史研究中，还是在中国人类学研究中，都存在着一种我称之为"民族史内部的超民族叙述"。李济后来感叹说：

> 两千年来中国的史学家，上了秦始皇一个大当，以为中国的文化及民族都是长城以南的事情。这是一件大大的错误，我们应该觉悟了！我们更老的老家——民族的兼文化的——除了中国本土以外，并在满洲、内蒙古、外蒙古以及西伯利亚一带：这些都是中华民族的列祖列宗栖息坐卧的地方。到了秦始皇筑长城，才把这些地方永远断送给"异族"了。
>
> 我们以研究古史学为职业的人们，应该有一句新的口号，即打倒以长城自封的中国文化观，用我们的眼睛，用我们的腿，到长城以北去找中国古代史的资料。那里有我们更老的老家。[1]

秦始皇筑长城是一种"政府安排"，它割断了中国民族形成的广阔空间，而到长城以北去找中国古代史的材料

---

[1] 李济：《中国民族的形成》，第1页。

当然也意味着打破这种人为的历史割裂。但是，随着时间的推移，长城已经成为一种地域性的界标，对其后边疆区域的形成影响深远。李济在这里将民族形成推广至满洲、蒙古及西伯利亚一带，除了往上追溯的线索外，不是也回应了其后中国历史的区域演化吗？关于这一点，稍后在讨论拉铁摩尔的工作时，我会进一步讨论。

为什么民族史内部会出现这些超民族叙述？我认为动力存在于两个方面：第一，民族形成本身的多元性和混杂性迫使以追溯民族起源为己任的民族学、考古学向超越单一起源论方向发展；第二，由于中国历史的独特性，历史学者自觉和不自觉地将中国作为一个自然演化过程的动态存在，而不是某个强力由上至下进行规划的产物。从这个角度，我们也看到了施坚雅在政府安排与社会演化的二元论中所展开的中国叙述的局限。将区域视为自然的，而将国家及其规划视为人为的，这一对区域与国家的界定没有考虑到两者之间的相互转化。从长时段历史的角度看，国家与区域的区别不是绝对的，将它们视为相互对立的范畴，而不是相互参照和相互渗透的范畴，有时反而会模糊了区域形成的多重动力。

以灌溉工程与地域形成的关系为例，作为一个古老的农业文明，中国最好的土地即灌溉的土地，"而建立并维持灌溉制度所必需的水利工程，要想完全由私人完成是不可能的。""水利工程必定要由国家经营。这样，国家从事这类活动的能力，就比土地所有权更进一步地成为政治力量的基础。国家也要有大量的存粮，因为田赋的一部分是征收实物。这种存粮需要有一个社会中心，一个便于保护的中心——城池。这就造成了每一区域的结构单元，即都有一个城池和足够的土地，构成贸易与行政的单位。每一区域存粮的一部分，又集中在某些重要的仓库里，由政府支配，充作各地方的代表中央政权的驻军的粮饷。"[1]由这类大型工程所形成的区域与行政区划有关系，但又未必是完全重叠的关系。

与上述针对国家行政区划的区域主义方法不同，针对民族国家和全球主义而产生的跨国性区域主义叙述力图超越的是跨越国家边界的区域构成。地望、迁徙、进香和贸易活动同样是区域形成的基本要素，但这一区域主义产生于后民族国家与全球化的问题意识。区域整合、文明圈、地缘政治联盟、经济一体化等问题包含着对两个不同的力量的回应，即一方面超越民族主义和民

---

[1] 拉铁摩尔：《中国的亚洲内陆边疆》，南京：江苏人民出版社，2005年，第27页。

族国家，另一方面又对新自由主义的全球主义进行限制。彭慕兰的《大分流》与滨下武志的《近代中国的国际契机——朝贡贸易体系与近代亚洲经济圈》可以作为跨国性区域主义的代表性著作。彭慕兰的作品是在美国的中国研究的地方史传统中形成的，他以江南及其从属区域为描述单位，但不同的地方在于，他将这一区域作为一个相对自主的经济中心从"中国"的整体范畴中抽出，并与英国北方资本主义兴起的动力进行比较，他所回答的仍然是为什么资本主义恰好从英国产生这一问题，但不同之处在于这是从区域主义的方法中产生的一种改写现代世界历史的努力。关于这一著作的争论仍然在延续之中，这里不做评论。从方法论的角度看，彭慕兰的不同之处在于将区域从国家范畴中解放出来，直接作为世界史叙述中的比较单位。不过，江南地区既非跨国界区域，又不涉及民族问题，这一描述与那种以跨国活动和多族群关系作为区域概念的构成要素的方法有所不同。

滨下武志的《近代中国的国际契机——朝贡贸易体系与近代亚洲经济圈》在经济史领域重新建立了一个以朝贡体系为纽带、以中国为中心的东亚世界体系，并以此确认亚洲内部——包括日本与中国之间——存在着一种区域性的"连带关系"。我认为这种连带关系构成了一种"跨社会体系"。这部著作的方法论意义远远超越了经济史领域，对从其他角度思考亚洲区域问题产生了影响。在他的叙述中，朝贡网络是区域整体性的历史根据。按照他的研究，亚洲区域有下述三个特征：一、不仅在文化上而且在经济和政治关系上构成了一个整体；二、这个整体是以中华文明为中心的、以超国家的朝贡网络为纽带的；三、与这一朝贡网络相匹配的是与欧洲"国家"关系不同的"中心－周边"及其相应的"朝贡－册封"关系。即便在近代，亚洲地区的朝贡网络也没有被西方资本主义的扩张彻底击毁，"作为一个世界体系的亚洲"至今仍然存在。滨下武志将朝贡关系中的宗属关系区分为六种类型，即：1，土司、土官的朝贡；2，羁縻关系下的朝贡；3，关系最近的朝贡国；4，两重关系的朝贡国；5，位于外缘部位的朝贡国；6，可以看成是朝贡国，实际上却属于互市国之一类。[1]但构成区域整体性的基本依据的，并不是这些不同的朝贡类型，而是由这些朝贡关系所形成的相对稳定的"中心－周边"的

----

[1] 滨下武志：《近代中国的国际契机——朝贡贸易体系与近代亚洲经济圈》，朱荫贵、欧阳菲译，北京：中国社会科学出版社，1999年，第35—36页。

框架，即一种在原理上与以主权为单位的民族国家关系极其不同的区域关系。滨下武志将网络性关系作为描述区域整体性的途径，而这一区域整体性的观念又以某种不同于民族国家的政治文化为根据，因此有可能与一种政治共同体的构想发生关系。例如，人们已经在问：亚洲地区——或者更具体地说——东北亚地区能够形成一种欧洲联盟式的政治主体吗？

很明显，无论从民族志的角度，还是从交通史的角度，区域研究从两个不同的方向上致力于打破行政区划与民族国家的双重边界。但问题是：区域整体性与政治主体性之间是什么关系？区域与人格性主体的关系究竟如何？

二　地方的非地方性：稳定与流动的辩证

将区域作为一个整体加以叙述，必然会强调区域的稳定性。无论内部存在多少动态关系，如果没有稳定性也就不能构成区域。布罗代尔的"长时段"概念就是与稳定和缓慢的变迁相联系的。上文引及的各个例子取向不同，但在强调区域具有某种稳定性方面没有明显的差别。事实上，这些区域概念既是对特定历史关系的综述和描绘，也是以概念化的方式对这些流动性关系进行稳定化的努力。费孝通所说的六大区域、三大走廊一旦转化为国家经济发展的战略，原有的区域关系也就会转化为一种更为自觉的和行政性的关系。当国家的"西部大开发"政策出台的时候，云、贵、川等西南省份，甘、陕、晋、青海等西北省份，以及新疆、内蒙、西藏等自治区忽然意识到了一种以"西部"为区域范围的联系，而国家的政策也以这样的区域概念为框架，重新构思国民经济的战略规划。

在历史研究中，对区域稳定性的描述也经常以政治组织的形成（亦即某种人格性的单位的产生）为前提。傅斯年1933年发表的《夷夏东西说》是一篇著名的论文，它以东/西、南/北关系的消长起伏作为描述中国历史变迁的杠杆，认为商代文化由西部夏族群和东部夷族开辟。傅斯年的具体结论已经为1950年代以后的考古研究所质疑，比如考古学家在中原的二里岗文化中发现了殷墟文化，此后发掘的二里头遗址又被视为在龙山文化之后、二里岗文化之前的文化（有学者认为是夏文化遗址），而1983年发现的新的二里岗遗址也证明二里头文化与二里岗文化是两种不同的文化。考古学家认为，公元前 2000 年左右，龙山文化被另一文化取代，显示二里岗文化从中原向东发展。由此，商是否起源于东就成了一个问题。这些学术史上的新发现值得我们思考，但我不打算只是在起源论的意义上讨论区域问题。区域很难用单一起源加以说明。正是在这个意义上，傅斯年对区域的叙述仍然具有某种方法论上的意义。在这篇长文中，他描述中国政治大势的方式不是从政治中心出发的，而是从区域关系的变动中展开的。傅斯年说：

> 自东汉末以来的中国史，常常分南北，或者是政治的分裂，或者由于北方为外族所统制。但这个现象不能倒安在古代史上。到东汉，长江流域才大发达。到孙吴时，长江流域才有独立的大政治组织。在三代时及三代以前，政治的演进，由部落到帝国，是以河、济、淮流域为地盘的。在这片大地中，地理的形势只有东西之分，并无南北之限。历史凭借地理而生，这两千年的对峙，是东西而不是南北。现在以考察古地理为研究古史的一个道路，似足以证明三代及近于三代之前期，大体上有东西不同的两个系统。这两个系统，因对峙而生争斗，因争斗而起混合，因混合而文化进展。夷与商属于

东系，夏与周属于西系。[1]

三代时及三代以前，区域（河、济、淮流域）的形成是
与政治的演进密切相关的，否则中国古代史中的东西
问题不能成立。同样，若没有东汉及此后长江流域的
大型政治组织的发展，中国历史中的所谓南北问题也
不能产生。区域在这个意义上并不是一个自然的范
畴，它和政治变迁密切相关。这并不是说区域本身完
全依附于政治变迁，因为一旦区域形成，它也有着某
种非人格性的自主性或稳定性。在这个意义上，傅斯
年发现区域常常能够超越王朝和其他政治变迁，成为
某种稳定性的存在。

　　就此而言，他的区域观与滨下武志的跨民族区域的
稳定性描述是相似的，即区域是历史形成的，从而是动
态的，但区域一旦形成却有着某种自主的稳定性。傅斯
年因此又说：

　　　东方与西土之地理重心，在东平原区中以南之

―――――――

〔1〕　傅斯年：《夷夏东西说》，见《傅斯年全集》第三卷，长沙：湖南教
　　　育出版社，2003年，第181页。

空桑为主，以北之有韦ト为次；在西高地系中，以外之洛阳为主，内之安邑为次，似皆是凭藉地形，自然长成，所以其地重要，大半不因朝代改变而改变。此四地之在中国三代及三代以前史中，恰如长安洛邑建康汴梁燕山之在秦汉以来史。秦汉以前，因部落及王国之势力消长，有本文所说。四个地理重心虽时隆时降，其为重心却是超于朝代的。认识此四地在中国古代史上的意义，或者是一件可以帮助了解中国古代史"全形"的事。[1]

中国古代史的"全形"只有通过超越王朝变迁的视野才能获得，那么，这一超越王朝变迁的视野又如何获得呢？傅斯年将区域——即他所说的以城邑和政治为中心的、"凭藉地形，自然长成"的"地理重心"或"地系"及其相互关系——作为把握中国古代史之"全形"的根据。在这个意义上，过于强烈地将区域与行政区划相对立，在方法论上也易于陷入另一种陷阱，即将区域的稳定性误解为一种纯粹非政治性的自然存在。区域的稳定性本身常常与政治安排有关，这一点并不因其与行

---

〔1〕 傅斯年：《夷夏东西说》，同前，第 232 页。

政区划（及国家边界）的差异而改变。

区域的稳定性是相对的，而流动性是绝对的，两者有着辩证的关系。区域的形成除了地理条件之外，更重要的是人类的活动，其中迁徙、战争、和亲、贸易、进香、朝贡等等就是最为重要的区域形成条件，即便是自然生态的变迁最终也要通过人类活动才能转化为区域的变迁。至少在人类历史中，区域虽然以地理为条件，但并不是一个自然的概念。也正由于此，区域的稳定性必然以流动性为前提，而流动性又是区域形成的动力。傅斯年从流动中寻求古史中东西区域关系的稳定性，而桑原骘藏则将南北区域的形成放置在"事件"中加以叙述，即以动态关系描述静态区域。在发表于1925年的《历史上所见的南北中国》这篇名文中，桑原骘藏以两大"事件"——即晋室南渡与宋室南迁——作为结构中国历史中的南北变迁的中轴。"这宗重大事变，历史上称为永嘉之乱或晋室南渡，是中国社会状态的一大改变，在各方面均引起重大影响。在南北中国文化分野的区划上，此次事变是产生转变的一大原因。"中国历史中的南北问题历来讨论极多，但无论讨论环境、风俗、民情和其他问题，大多均以南北作为稳定的、相互区别的区域为前提。但桑原骘藏将南北问题放在"事件"创造的新关系之中，提供了隐含在区域静态关系中的动态关系。他说：

> 南方开发的端绪始于秦汉，因晋室南渡进度加速，唐、宋、元、明继其步伐，南方遂在文化、户口、物力等所有方面，凌驾于北方之上。清初顾炎武以"天运循环，地脉移动，彼此乘除之理"解释南北盛衰优劣交替的原因，自然并不彻底。清末刘光汉将原因归为五胡南北朝时代北狄的侵入和汉族的南下，以及南北水利的便利与否，则较为中肯。不过即使南方的水利在助长当地的开发中发挥作用是事实，也只是副因而非主因，是助因而非正因。主要的原因，不得不归于北狄的入侵和汉族的南下。这个华夷的移转，如刘光汉所言，并不限于五胡南北朝的三百年。唐、宋、元、明间北狄的入侵和汉族的南下，与五胡南北朝相比虽有大小之差，但亦同样不能不加以考虑。要之，过去一千六百年间，北方野蛮夷狄的入侵和南方优秀汉族的移住这两个事实，是解释南北盛衰原因的必要的和最重要的关键。[1]

---

〔1〕 桑原骘藏：《历史上所见的南北中国》，《日本学者研究中国史论著选译》（一），北京：中华书局，第33—34页。

与傅斯年一样，桑原骘藏的描述也是长时段的。如果参照他的《蒲寿庚考》、《中国阿剌伯海上交通史》及有关西域和蒙古的研究，他的区域视野不但越出了"中国"的范畴，而且总是在流动的关系之中观察一个具体区域的特征。南北区域的差异在这一长时段的交流和碰撞中显现出根本的动态性。从这一动态的关系观察，南方之为南方的那些特征（族群、风俗和生活方式等等）均需要从由事件凝聚起来的南北关系中加以解释，诸如水利开发的便利与否等自然性条件在形成南北区域关系中反而是次要的。区域的动态性也可以解释为地方的非地方性，它提示了一种观察地方性的视角，即流动性的视角。例如，傩戏至今在贵州仍然是活的文化，但其根源却在江淮之间；但今天江淮地区傩戏早已了无踪影，它被广泛地看作贵州区域的文化特征。我们可以从地域性的视野观察它，也可以从流动的角度理解它，或者从重叠、流动的关系中解释这一文化的衍生和发展。

流动性并不仅仅是指区域间的流动（如从中心到边缘的流动），就文化和习俗而言，流动性也体现在社会层级或阶级关系之中。例如，由于王朝南迁，一些宫廷文化流落民间，如今在乡村或下层社会流行的文化未必是"下层的"、"本土的"；而另一些民间习俗和文化也可能在流动中转化为上层的或精英的文化。因此，精英与大众、中心与边缘的关系都不是绝对的。稳定性和流动性共同构成了观察此类现象的视角。从事件的角度观察区域的形成，亦即将区域理解为动态的存在，但这并不构成对漫长的历史演化在区域形成中的意义。事件与区域的关系提示人们：区域常常是某种突变的产物，构成区域特征的那些风俗、文化、习惯、认同，乃至语言等，都不是区域的本质性特征，而是其历史性特征。这里所说的突变，与桑原骘藏对事件的关注是一致的，它并不否定地望和其他更为稳定的条件在形成区域关系中的作用。

三 区域的中心—边缘及其相对化

区域的稳定性与流动性也决定了区域研究中结构性要素与历史性要素之间的辩证关系。强调稳定性，也就会强调结构性及结构的内部互动和弹性。施坚雅将区域作为一种稳定的、相对自然的体系，他的方法倾向于区域内部的结构关系便是自然的。区域结构这一概念预设了区域作为整体与其各个部分之间的关系，也预设了区域构造中不同层次的中心–边缘关系及其互动。在这

里，用于描述区域结构内部关系的，是多层次的中心－
边缘关系。施坚雅在描述中国的市镇体系与区域时使用
了大区的概念，以说明区域结构内的多层构造。他说：

> 区域结构：它包含着以镇和市为连结点的本
> 地和区域体系的层级。就中国的情形而言，作为
> 大区域经济的顶级城市的大都市，处在不同程度
> 上整合成一体的中心地层级的最高层。这个层级
> 向下则延伸到农村的集镇。集市体系以这些集镇
> 为中心，一般包括十五至二十个村庄，组成了构
> 筑经济层级的基本单位。由此而上，层次愈高，
> 社会经济体系愈趋广大和复杂，中心地在其中起
> 着连结点的作用。[1]

按照这个结构性的区域关系，区域是一种由中心－边缘
关系构筑起来的连续体，即它有一个最高的中心和广阔
的边缘区域，而在相对于这个最高中心的边缘区域，又
在每一个层次上展开着以集镇－村为单位的一系列中
心－边缘结构。"区域体系理论的中心观点是，不仅大

---

〔1〕 施坚雅主编：《中华帝国晚期的城市·中文版前言》，第2页。

区域经济具有核心-边缘结构，它的每一层次上的区域系统均呈现和大区的核心-边缘结构类似的内部差别。因此，每一个本地和区域体系均是一个有连结点的、有地区范围的、而又有内部差异的人类相互作用的体制。最后一个体系处在不断的有规律的运动之中，包括商品、服务、货币、信贷、讯息、象征的流动，以及担当多种角色和身份的人的活动。镇和市处于一个体系的中心，起着连结和整合在时空中进行的人类活动的作用。"[1]

结构性的区域概念注重于中心-边缘的空间关系，无论其层次多么复杂，中心-边缘之间的关系是稳定和清晰的。例如，在这个结构中，城乡之间的中心-边缘关系不可能逆转。但是，如果以过去一二十年当代中国珠江三角洲地区的城镇化发展来看，经济区域是成片地展开，一个又一个小城镇蔓延伸展，形成了一个广阔的经济区，我们很难用过于清晰的中心-边缘关系对之加以界定。如果将这一结构关系放置于长时段历史或事件中观察，那么即便古代历史中，中心与边缘的关系也可能发生变异，城市的绝对中心地位本身就是历史的产

---

〔1〕　施坚雅主编：《中华帝国晚期的城市·中文版前言》，第3页。

物。在出版于 1940 年的《中国的亚洲内陆边疆》一书中，拉铁摩尔以长城为"中心"描述一个超越政治和民族疆域的"亚洲大陆"，为我们理解历史中的中心与边缘关系提供了极为不同的视野。按照他的"中心"概念，游牧和农耕两大社会实体在长城沿线形成了持久的互动和相互影响，并将这种影响反射或渗透到各自的社会生活方式之中。这个作为"互为边疆"的"长城中心说"不但纠正了中国历史叙事中的那种以农耕为中心的片面叙述，进而与黄河中心的中国叙述，以及宋代以后的运河－江南中心的中国叙述形成了鲜明对照。这个"互为边疆"的概念与施坚雅描述的那个以城市－乡村关系为中轴的相对稳定的中心－边缘关系完全不同。我所说的"完全不同"，并不是说两者是对立的，而只是说由于关注的中心点不一样，在前者那里相对稳定的中心－边缘关系就变成了不稳定的、相对化的关系。在这里，长城内外的边疆区域转化为中心，它既非城镇，也非乡村，而是绵延不绝的、连接两种生产方式的纽带。"中国与草原之间的经济差异并没有形成政治上的隔绝。虽然费了很大的力气将长城造起来，边疆却从来没有一条绝对的界线。就地理、经济、政治等方面而言，它是一个过渡地带，广狭不一。因为不论是在中国

还是在草原上，精耕及粗放的平均水平及程度指标并不一样。两边的社会没有一个是永远统一的。"〔1〕

历史叙述的中心转移除了与各时代的中心地位的移动有关，也还与观察历史变化的视野、尤其是观察历史变化的动力的视野相关。例如，一些民族不能适应关内的农耕方式，转而专力发展畜牧资源，当他们从"半草原"社会发展到彻底草原化的阶段，他们脱离了农耕社会的边缘地位，变成草原社会的中心区域。〔2〕"在中国强盛而使草原游牧民族称臣纳贡时，财富对移动性的统治最强。但是，这种统治也会因为移动性而妨害于财富。被委任统治边疆的官吏们，逐渐脱离汉族财富的根源，而取得草原权力的根源。"〔3〕桑原骘藏将南方区域的形成与北方民族南下关联起来，而拉铁摩尔则在一个特定时刻看到了另一个方向相反的运动，即在欧洲殖民主义和工业化的压力之下，中国历史内部的由北向南的运动路线终于转向由南向北的运动路线。他用"前西方"与"后西方"的概念来描述中国区域关系的这一逆转。

---

〔1〕 拉铁摩尔：《中国的亚洲内陆边疆》，第45页。
〔2〕 同上书，第40页。
〔3〕 同上书，第50页。

四　两种或多种新势力

区域关系的逆转意味着某些区域的形成是由一种外来力量推动的。这种外来力量曾经被一些研究跨国性区域主义的学者称为"介入性力量"（intrusive system），[1]即一种改变了旧有关系的、由区域外进入的"新势力"。拉铁摩尔说："如果我们不区分新势力与旧势力，就不能看到中国移民地区——从东三省到西藏——近代史的特征。新势力中最重要的是铁路及近代军备。每一条铁路对开发一个移民地区的重要性，随着经由该路而来的直接或间接的外来压力而有所不同。"[2]他在这里所谈及的"新势力"就是西方及其工业化的力量。"新势力"的介入创造了完全不同的情境。拉铁摩尔说：

> 现代历史中，中国或其他国家不再由于大陆或

---

〔1〕 L. J. Cantori and S. L. Spiegal, *The International Politics of Regions: A Comprehensive Approach*, Eaglewood Cliffs, N. J. Prentice-Hill, 1970. 肖欢容：《地区主义：理论的历史演进》，北京：北京广播学院出版社，2003 年，第 7 页。

〔2〕 拉铁摩尔：《中国的亚洲内陆边疆》，第 9 页。

海洋的阻隔而孤立。新兴势力对旧历史的影响来自两个方面：一方面，中国的疆域和它的边疆地区都清晰地表现出来；另一方面，新的普遍力量超越了远东及世界其他各地的地理的、民族的及文化的孤立性。[1]

介入性力量打破了区域结构内部的中心－边缘关系的运动模式，它也可以区分为具体的介入性力量和"新的普遍力量"。例如，近代的西方影响是一种"新的普遍力量"，即它不仅影响某个区域，而且也渗透在全局关系之中；与之相比，某个游牧民族的南下是一个具体的介入性力量，它可能改变某个区域的平衡，但并未根本改变整个世界格局。晚清以降，西方势力的介入与其说是一种"外来力量"，毋宁说是一种决定性的形势。在这个形势下，中国与内陆边疆的关系不再由这个区域的中心－边缘关系决定，作为外来力量的西方已经是一种区域内力量并创造了新的中心－边缘关系。长城内外的区域关系已经是资本主义"海洋时代"总体关系的一个部分。随着19世纪海洋时代的到来，"从海上涌进中国的

---

〔1〕　拉铁摩尔：《中国的亚洲内陆边疆》，第2页。

势力"横扫亚洲大陆，它彻底终结了那种由北向南的区域运动路线。即便是日本的侵略也服从于这一更为广阔的形势——日本对"中国满洲及征服整个中国的企图，在某种意义上，表现了海上势力与陆上势力的直接冲突。毫无疑义，那是一个使中国亚洲内陆边疆受海上势力支配的企图"。[1]

现代资本主义的重要特点是"中心－边缘"关系的不断滑动。正由于此，传统的中心－周边关系很难描述现代区域关系。滨下武志在《资本主义殖民地体制的形成与亚洲——19世纪50年代英国银行资本对华渗入的过程》中指出：资本主义列强向亚洲特别是向中国金融渗透的深化，是与美国、澳大利亚的黄金发现所导致的国际金融市场的扩大过程密切相关的。从金融的角度观察，中国近代经济史可以被看作中国经济被编织在以伦敦为中心的整个世界一元化国际结算构造之中的过程。亚洲的"近代"是在经济上逐渐被包容进以欧洲为中心的世界近代历史的过程，其特征就是金融性统治－从属

---

〔1〕　拉铁摩尔：《中国的亚洲内陆边疆》，第3、4、5页。

的关系。[1]从区域的角度看，这种新型的中心－边缘关系并不稳定，它随着资本的移动而移动。但是，这一中心－边缘的滑动关系只是从一个层面叙述的，它并不意味着其他要素——如人口和区域内的其他关系——也同样不稳定。那么，在描述中心－边缘的滑动时，还要考虑这种滑动是在什么层面上展开的，否则也会将某个方面的转变描述为整体性的转变。在这个意义上，无论是对于区域形成的介入性力量的重视，还是对于中心－边缘的相对性的阐述，并没有取消对于相对稳定的结构及其中心－边缘关系进行探索的意义。

将区域内部的变动归结为不同的势力的互动、角逐、冲突和融合，并不等同于取消新旧势力之间的对比。但是，这一对比不能在本土与外来的单纯的二元关系中展开。"本土"也可以在某一"新势力"的地方化或本土化的过程中理解，或者在"新势力"蜕变为"旧势力"的过程中理解。本土与迁徙之间有着复杂的历史关系。当地的、甚至世居的势力并不等同于本土的势力。这一观点也没有取消当地势力与外来势力的交往、

〔1〕 滨下武志：《资本主义殖民地体制的形成与亚洲——19 世纪 50 年代英国银行资本对华渗入的过程》，《日本中青年学者论中国史·宋元明清卷》，上海：上海古籍出版社，1995 年，第 612—650 页。

冲突和斗争中的历史判断问题，但这一判断不能单纯地诉诸本土－外来的模式，而必须探讨交往、冲突和斗争的具体历史内涵，即探讨交往的政治性，如对帝国主义和殖民主义历史的批判与反思。

五　时空结构的差异性

由于区域构成的两个基本要素是地理条件和人的活动，空间与时间的多元性问题也因此产生。空间的多元性是一望而知的。由于存在中心－边缘的构造，如城市与乡村的关系，区域空间内部是多元性的。从更为广阔的范围看，无论是李济、费孝通对中国民族区域的观察，还是拉铁摩尔、滨下武志对于内陆边疆和海洋边疆的分析，他们在解释区域间的相互渗透关系的同时，也清晰地说明了各大区域间由地理、文化、族群、政治和经济等要素的差异而构成的多元性空间关系。这一空间差异性一旦与人类生活联系起来，也就转化为一种时间的差异性，即携带着自己的历史、认同和传统的不同社会群体（民族、族群、阶级或其他）的共存关系。施坚雅从经济史的角度这样表述"空间结构上的差异性"与"时间结构上的差异性"的关系：

历史盛衰变化的"长波"在大区域之间经常是不同步的。区域发展周期不仅关系到经济的繁荣与萧条，也关系到人口的增长与停滞、社会的发展与倒退、组织的扩展与收缩以及社会秩序的和平与混乱。此外，由最底层的集市系统而上，每一层次中的体系均有其独特的运作模式和历史。它可以被视作人类相互作用的时空体系。在此时空体系中，与空间结构上的差异性一样，时间结构上的差异性也显示了一个体系的特征。……对于有着层级结构和地域特点的历史学来说，基本的时间单位是那些内在于一个特定区域体系的、周期性的、富于动态的事件。这种方法与通常的分期法不同，它强调中国历史中区域之间的差异性，而不是使之模糊。无论是笼统的概括，还是仅着眼于各不同区域体系的发展的平均水准，都会减弱或模糊地域间的差异，从而不利于研究整合为一的中国历史。相反，如果要获得对一个文明的历史的整体认识，我们必须全面理解它的各组成部分的独特而又相互作用的历史。[1]

---

〔1〕 施坚雅主编：《中华帝国晚期的城市·中文版前言》，第3—4页。

尽管基本的描述单位是结构，但这个结构本身却是一个无论在空间还是在时间上都呈现出多元性和差异性的统一体。施坚雅将差异性的时间单位定位为"内在于一个特定区域体系的、周期性的、富于动态的事件"。例如，"由最底层的集市系统而上，每一层次中的体系均有其独特的运作模式和历史。它可以被视作人类相互作用的时空体系。在此时空体系中，与空间结构上的差异性一样，时间结构上的差异性也显示了一个体系的特征。……"时间的差异性显示出的是区域之间的、相对稳定的差异性和独特性，它提示人们不但在研究诸如中国或东亚这样的对象时不能用同一时间框架去描述其不同的区域，而且在研究一个小的区域时也应该注意内部的时空差异性。

纵向的时间概念与主体性的建立之间有着密切的关系，将区域与纵向的时间相关联，最易产生的结果是一种人格性的区域概念的产生，即将区域视为一种相对自主的代理人体系。没有这一纵向的时间概念，就不能将区域与行政规划区分开来，因为前者包含了自律性，而后者却完全是他律的。如果非人格性的经济区域也需要放置在纵向时间的差异性概念下观察，那么人格性的民族、族群、社群就更不可能离开这一"时间结构上的差异性"了。从方法论的角度说，无论是民族史（national history），还是族群史（ethnical history）、地方史（local history）都不可能离开这一纵向的和差异的时间概念。这一"时间结构上的差异性"意义上的时间是抽象的、空洞的，但不是匀质的。匀质的时间只是塑造一个主体，即民族－国家史中的"民族主体"，或现代化理论框架下的"世界历史"，异质但同样纵向的时间概念提供的是多元主体的历史——无论这一多元性体现为地方性差异还是民族性差异。在民族史研究中，民族国家通常希望按照行政区划书写"地方史"，而民族或地方却希望将自己的历史置于纵向绵延的关系之中，不愿接受这一区划的限制——这是主体的历史，而不是地方的历史。

用神学的概念来表述，空洞、匀质的时间是一神教的，而差异、多元的时间是多神教的。在民族学、人类学和宗教学研究中，这种多元时间观提供了认同政治（差异政治）的认识论框架。在中国研究中，少数民族研究、地方史研究正是以一种多元时间的框架塑造新的主体，以抗衡或平衡单一主体（民族－国家历史）的时间观（或历史观）。因此，尽管存在着结构的概念，多元时间概念所召唤的区域主体性（以差异性为名）与结构之间的关系究竟如何处理，并不是一个在中心－边缘框架下就可以解决的问题。一旦民族、区域、地方被建构为一个人格性的认同主体，它与"结构"的关系，以及它与其他认同主体的关系，就不再是中心－边缘模式可以笼罩的了。统一与分裂、认同与差异、集权与分权、统属与自治等政治性议题全部可以在这一匀质时间与多元时间概念的对立中找到自身的认识论根据。正由于此，历史研究到底以族群为中心，还是以国家规划下的区域为中心，常常成为政治争议的焦点。这种焦点也可以解释为一元时间与多元时间之间或多神论时间与一神论时间之间的斗争。当代西方的中国研究越来越倾向于以多神的时间概念对抗一神的时间概念，这不但与多元主义理论的兴盛密切相关，而且也与解构民族主义神话、批判民族国家的压迫性的潮流有关。

如同上文所说，民族国家史内部包含着超越单一民族框架的趋势，这个趋势表现为三个有所不同（有时候极为不同）的方向。第一个方向是趋同论的方向，民族主义史学大多与此有关。除了诉诸单一起源之外，大多数以民族国家为单位的民族主义史观并不否定族源的多样性。顾颉刚在《编中国历史之中心问题》中说："中国无所谓汉族，汉族只是用了一种文化统一的许多小民族";[1]傅斯年在论述中国历史中的"诸夷姓"时则说："与之（指诸夏）对峙之诸夷，乃并不如诸夏之简单，所谓'夷'之一号，实包括若干族类，其中是否为一族之各宗，或是不同之族，今已不可详考，然各夷姓有一相同之处，即皆在东方，淮济下流一带。"他的根据即古书所载之"夷者恶各族"、"其地望正所谓夷地者"等说法。[2]这些从多元中统整的观念典型地体现于从"五族共和"发展为"中华民族只是一个"的民族史观。

　　另一个方向也在民族史观的大框架中，但更强调一体内部的多元性——不但承认民族的多元起源，也承认民族的多元发展和多元空间的必要性，亦即承认每一个民族和地域有其自身发展的规律性。较之早期中华民国的民族史观，中国革命的民族史观更强调少数民族的权利及其文化多样性。费孝通在人类学领域提出的"中华民族多元一体格局"的命题，苏秉琦在考古学领域提出的中国文明起源上的"满天星斗"说，都反映了这一历

---

〔1〕　顾颉刚：《编中国历史之中心问题》，见《顾颉刚学术文化随笔》，顾洪编，北京：中国青年出版社，第3页。
〔2〕　傅斯年：《夷夏东西说》，同前，第213页。

史观的特点。费孝通对于民族形成的如下描述是经典性的：

> 它（中华民族）的主流是由许许多多分散孤立存在的民族单位，经过接触、混杂、联结和融合，同时也有分裂和消亡，形成一个你来我去、我来你去，我中有你、你中有我，而又各具个性的多元统一体。这也许是世界各地民族形成的共同过程。[1]

在"一体"格局中力图发掘多元并存的格局，这与中国革命对于少数民族权利的重视、社会主义中国对于民族区域自治的构想有着明显的重叠关系。如果用施坚雅的时间结构与空间结构的概念来表述，这一民族历史的叙述同时包容着空间结构上的多元性和时间结构上的多元性，但多元性依存于结构的多样统一则是清晰的。值得注意的是，许多对于中国的民族识别和少数民族政策（其实民族识别是世界性的现象，而不是单纯的中国现象）提出批评的人类学家、历史学家和民族学家，既

---

〔1〕 费孝通：《中华民族的多元一体格局》，同前，第23页。

没有意识到这一政策本身的认识论是和这些对之持批评态度的多元主义者相差不远的，也没有意识到民族区域自治概念既非单纯地强调民族自治，也非强调区域自治，而是将民族区域作为一个独特的单位。

第三个方向是对一体性的解构。我们可以从三个不同的取向来理解这一对于"一体"的解构：首先是用"多元历史"解构民族主义的认识论，如后殖民主义提出的"复线历史"概念就是例证。解构主义文化研究大多遵循这一逻辑。其次是以族群、区域或其他单位为中心，重新复制民族主义的逻辑。通过分解结构的统一性，这一方法将多元性发展为新的主体论，从而为分裂型民族主义提供基础。从认识论上说，这是以多元时间为框架"想象"或建构新的民族体的努力，一旦民族体建构完成，多元时间也就转化为一元时间。最后是将民族概念转化为阶级概念或更为广泛的人类概念，进而塑造超越族裔性的主体性，以全球史取代一切以民族、地域为中心的普遍历史。国际主义与世界主义是这一普遍历史的两个不同的政治版本。在这种全球史中，以超越民族国家为中轴，区域与全球构成了新的联盟。

根据上述分类，一元时间与多元时间之间同样是可以相互转化的，两者均以纵向的时间概念为基础，从而为不同的主体性（民族国家的或族群的、国家的或地方的等等）的生成提供认识论框架。由于时间概念在纵向轴上滑动，无论强调其一元还是多元，就主体构成来看，它们天然地具有综合、统整和排斥差异的倾向。与此相比，空间概念保留了更多的差异及并存的可能性，正由于此，大部分承认差异但同时重视"一体性"的叙述都诉诸空间的概念。傅斯年的"东西"、桑原骘藏的"南北"、拉铁摩尔的"互为边疆"、施坚雅的"结构"、费孝通的"多元一体"等等，均包含了将多元性、复合性、重叠性、流动性、差异性融合在区域概念之中的努力。空间概念既能够包容多样性，也能够提供统整性，但空间不可能离开时间的轴线，一旦后者仍然在"时间结构上的统一性或差异性"上滑动，区域这一概念到底有什么新的意义就仍然是不清晰的——如前所述，民族主义史学（无论是统一型民族主义还是分离型民族主义）不但没有否定区域，而且高度重视区域，没有区域的概念也就不能产生疆域和边界的概念，而民族主体一旦脱离空间范畴也会变得日益模糊。

在这个意义上，仅仅用空间性的区域概念替换时间多元性，并不能有效地解决民族史研究中的那种中心化和排他性叙述的倾向。如前所述，在民族区域的研究中，以行政区为单位与以族群为单位书写历史具有截然不同的政治意涵——以民族为单位书写历史，意味着将区域的扩展置于纵向的差异性时间的轴线上，而以行政区划为单位书写地方史，则通过空间的规划将纵向的差异性时间置于统一的时间框架（民族国家的时间框架）之下。前者以民族认同切割区域内部的混杂性，通过对抗统整性叙述，重构另一层次的统整性逻辑；而后者将区域关系整合在全局关系之中，虽然不否认区域的内部差异性，但力图按照行政区划方式将这些关系的有机性置入一种自上而下的权力结构之中。

六　横向时间与政治文化的
　　非人格化

如果将拉铁摩尔关于"长城走廊"（我将拉铁摩尔的长城与费孝通的走廊拼合起来，产生了这个说法）的描述与费孝通提出的"藏彝走廊"概念相对照，前者强调的是两种生产方式之间的中间地带，而后者则是指两个文化和文明区域之间的中间地带。"长城走廊"是国家行为的产物转化为自然地理的概念的典型，而"藏彝走廊"则诉诸自然区划以为国家的发展提供战略视野。在这里，人为与自然的分解是移动的。作为中间地带，"长城走廊"与"藏彝走廊"不但是对一切形式的"绝对的界线"的模糊化、混杂化和流动化，而且也是对从单一方向、尤其是单一的人格性主体如民族的角度描述这类区域的否定。例如，藏彝走廊的形成与西藏东扩的历史有着密切的关系，也与唐帝国以及此后蒙元、明清王朝往西延伸的历史相关，但那些消失了的民族（如土谷浑）或混杂其间却没有形成大型政治体的民族难道没有对这个区域及其文化的形成产生作用吗？很明显，中间地带最为清楚地解释了区域的重叠性、混合性、模糊性与流动性的特点。但是，我们还应该追问：这种重叠性、混合性、模糊性与流动性仅仅是这类中间地带的特征，还是区域社会的普遍性特征？这一追问的真正含义在于拒绝那种将某一区域社会描述成单一社会的习惯，而将社会的复合性或跨体系社会视为一个普遍的特征。

在回答这一问题之前，有必要重新思考区域研究中对于区域空间的多元性与时间的多元性的讨论。区域的构成包含着自然地理的要素（以及某些已经自然化了的人为要素，如前述的长城和水利工程等）；文化的要素（如语言、文学艺术、民族或宗教等）；群体生活方式和生产方式的要素（如游牧、农耕、渔猎、商业、工业等）；经济和政治关系的相互依赖性（如城乡等中心－边缘结构）；迁徙和流动（如由贸易、灾荒、战争、走私和其他事件带动的变迁等）；国内－国际体系中的位置（如国内的中心－边疆关系、国际的三个世界划分或南北划分等等）；国家规划的行政区域；世界承认的跨行政区域或跨国联盟，等等。无论从哪一个层次、哪一个角度看，中心－边缘及其互动是所有区域的特征。如前所述，互动并不完全是结构性的，源自区域外的力量常常是导致区域的中心－边缘关系发生逆转的动因。

时间结构的差异性以某个区域、体系和社会群体的自律性为中心，它所批评的是那种以国家行政的统一力量抹杀族群、地方和区域多样性的倾向。就对结构性霸权的批评而言，这一思考是十分自然的。但是，对于结构多样性的描述趋向于从纵向起源上描述区域的自主性，其论述的逻辑难以清晰地说明区域形成的多重动力、区域内的社会群体构成的横向联系。区域概念的模糊性和重叠性决定了一个双重事实，即一个地区（甚至国家）可能同时属于多个地区，一个地区可能包含多重社会关系（天下、一统、民族、主权、网络、宗教、贸易和其他社会活动等）。区域的概念与行政区划未必一致，也未必不一致，真正的区别在于行政区划按照自上而下的轴线将区域组织在一个结构之中，而人类学、社会学意义上的区域却包含对各种历史偶然性、事件和其他形态的交往而形成的横向联系。区域的构成不能从一个单一的方向上加以界定，即既拒绝笼统地按照行政区划在区域间关系中进行人为划分，又不是将族群、宗教等关系作为本源性关系而否定这些关系本身是多重条件和历史互动的产物。从认识论的角度说，只有将时间从纵向的关系中解放出来，置于一种多重横向的运动中，才有可能找到区域这一空间概念的时间维度，其目的是将重叠性、模糊性、流动性与并置性置于历史思考的中心。

那么，能否设想超越（但不是简单否定）时间结构上的统一性–差异性的逻辑，构想一种能够与区域的这种重叠性、模糊性、流动性、稳定性同时并存的时间概念呢？我把这个时间维度称为"横向时间"，它与一切神学的（无论是一神论的还是多神论的）时间没有关系，多少接近于中国古典的"时势"概念。布罗代尔的"长时段历史"和"中时段历史"在横向时间的框架下是"时势"的有机内容和"事件"的构成要素——时间只有与人的活动相关联的时候才有意义，而人的活动总是处于一定的互动关系之中。横向时间的概念或多或少与欧洲现代思想对于世俗化（以及市场活动）的描写有几分相近。查尔斯·泰勒（Charles Taylor）在谈论洛克、斯密等人创造的政治、经济想象时，特别提及了"世俗时间"（secular time）的观念，以与宗教时代的高级时间（higher time）相区别。[1]高级时间将各种日常时间加以集中、重组，以形成一种神圣的、永恒的秩序，而世俗时间却将我们想象为处于一个横向的世界之中，新的集体机制和共同行动只是在这一横向时间的轴线上发生。在这一欧洲近代的世俗时间框架下，社会成为一种自我活动的舞台：社会活动与超越的或高级的时间彻底分离。如果说高级时间将社会活动臣服于国王、古代法、上帝等更高的逻辑或规范，而世俗时间却把社会活动看作是完全自主的、独立的、在相互关联中展开的活动。从经济领域看，这一世俗时间与市场交换活动有着密切关系。在宗教时代，高级时间倾向于将各

---

〔1〕 Charles Taylor, *A Secular Age*, Cambridge：Harvard University Press, 2007, pp.54 −61.

种世俗的时间收编在一种目的论的秩序之中，而在现代社会，世俗时间则试图将高级世界放置在横向关系的轴线上。但是，泰勒没有追问如下问题：资本主义的"世俗时间"中包含着"高级时间"吗？如果把金钱拜物教置于这一问题之中，金钱作为横向活动的统摄力量恐怕不可忽视。

我在这里提出的是另一问题：横向时间并不仅仅是"世俗时代"的现象。中国的儒家传统很难在神圣与世俗的二元框架中说明，但其政治文化所体现出的横向性——即将各种宗教置于横向关系中的方式——尤其值得我们注意。无论是朝贡体系所内含的多样性和灵活性，还是普遍王权的多重面向，都体现着这一政治文化力图将各种纵向关系编织进横向联系之中的逻辑。我们不妨从另一个角度思考这一问题：将神圣时间放置在历史叙述之中，各种社会活动必然被置于国家、民族、宗教等纵向关系（即将社会活动置于某种代理人视野内）之中，历史因而成为认同政治和相互对抗的战场。就此而言，即便强调多元时间、复线历史，历史研究也无法改变按照某种人格性主体（民族国家的、族类的等等）的纵向轴线组织社会活动。将某个社群建构为独立自存的主体并不符合历史的实际关系，它不过是民族主义知识在不同层次的复制。如果按照横向时间的轴线叙述社会活动及其复杂互动关系，就有可能将区域概念所蕴含的重叠性、模糊性、流动性等等放置于时间概念之下。横向时间的概念并不否认不同主体的活动——它只是要求将主体的活动——无论是宗教的还是世俗的，文化的还是政治的，经济的还是礼仪交换的，等等——放置在接触、交往、碰撞、融合、对立等等关系之中解析其意义。因此，所谓从横向时间的角度观察一个社会，也就是将接触、混杂、联结、融合、分离、消亡等过程置于描述中心，不是通过纵向时间轴上的主体化，而是通过横向关系，理解一个社会的形成——由于将横向关系置于中心，这个社会形成的模糊性、流动性、重叠性等要素不但不会被取消，反而能够被凸显为社会构成的基本要素。社会差异在这里被转化为一种弥散性的关系，而不是一组并置但相互隔绝的主体。如同一个多族群的家庭，并置强调的是其多族群性，而弥散性重视的是关系自身的混杂性、重叠性。在这种混杂性、重叠性基础上形成的"社会"的肌理不能化约为个别的元素，每一个"社会"成员可以从这个横向关系中建立自己的认同，但这个认同绝不是对这些实际的关系的排斥和遮蔽。换句话说，横向关系没有取消纵向的历史联系，但这个联系是横向时间轴线上的差异性要素，而不是独立自存的主体历史。

区域主义方法的两个主要动机是超越行政区划和超越民族国家边界，这一点已如前述。但区域概念的另一个、也许是更为根本的含义是将纵向时间轴线上的主体概念转化为一种横向的关系，进而将混杂、并置、接触、冲突、融合、转型、重叠等等过程置于历史思考和描述的中心。这是一种不断衍生的关系，一种从混杂性转向另一种混杂性的过程，民族、族群、阶级、宗教和其他历史主体必须而且也只能在混杂性和重叠性的意义上加以界定。前面提及的若干历史研究的成果已经提供了不同的方法论启示。例如，拉铁摩尔将游牧和农耕这两个冲突的主体放置在长城内外的区域中观察，不但发现了边疆区域的"互为边疆"的性质，而且揭示了游牧和农耕的主体性本身是重叠、混杂、并置、接触的产物。如果没有非自身的要素，如相对于游牧的农耕的要素，草原社会无法形成，反之亦然。与此相似，在《隋唐制度渊源略论稿》中，陈寅恪对隋唐制度的论述及于（北）魏、（北）齐，梁、陈和（西）魏、周等三大渊源，并指出隋唐"文物制度流传广播，北逾大漠，南暨交趾，东至日本，西极中亚，而迄鲜通论其渊源流变之专书，则吾国史学之缺憾也"。[1]这个描述不是单向的。在《唐代政治史述论稿》、《论唐代之藩将与府兵》等研究中，陈寅恪又论述了隋唐以来的中国制度、人口和文化已经是欧亚大陆的多重文化渊源和制度渊源的产物，我们很难用纯粹的"中国性"对这些制度和文化加以表述。

滨下武志以朝贡网络批判民族国家及其主权概念，这里所谓朝贡体系很可能不是一个体系，而是一组混杂的关系。在19世纪初期，中国的海外私人贸易网络成功地将官方的朝贡体系转化为私人贸易体系，这是长期历史互动的结果。但是，"当欧洲人在16世纪初来到东亚的时候曾试图与官方的朝贡体系联系起来促进贸易的发展，但他们发现他们日渐依赖于广大的中国海外贸易网络，因而有意识地鼓励这种网络的发展。特别是在19世纪初期以降，面对着帝国主义列强的不断增长的霸权和侵略，以中国为中心的官方朝贡体系仅仅是一个从未真正实现的有关控制的官方幻想，因此，在很大程度上，不是官方朝贡体系，而是私人的中国海外贸易网络

---

〔1〕 陈寅恪：《隋唐制度渊源略论稿》，《陈寅恪史学论文选集》，上海：上海古籍出版社，1992年，第515页。

把东亚地区整合到内在相关的历史体系之中。"[1]从这个角度看,不是朝贡贸易,而是私人海外贸易(包括走私活动),构筑了连接东亚和东南亚的贸易网络的更为重要的纽带。在19世纪欧洲殖民主义的条件下,东南亚的市场发展与其说是朝贡贸易的结果,毋宁说是打破朝贡体制的结果,走私、武装贩运和欧洲国家的贸易垄断构成了18—19世纪东南亚贸易形式的重要特点。[2]在这里,网络的历史演变正是"中心-边缘"的权力关系发生变异的产物。

　　无论多么强调其多样性和流动性,没有稳定性的前提,区域概念不可能构成;无论如何重视混杂性和重叠性,包括民族、族群在内的社群关系是区域的重要特征。但是,稳定性不是取消混杂性和重叠性的稳定性,民族区域不能取消区域本身的混杂性。稳定性和认同都必须建立在混杂性和重叠性的态势之上。施坚雅将稳定性描述为"结构"——不管今天有无必要继续使用这一概念,我们关心的是:这一"结构"不是一般功能主义

---

[1]　以上所引是许宝强的博士论文中的话,该书尚未出版。感谢许宝强先生寄赐他的手稿供我参考。
[2]　本文涉及亚洲问题的讨论,参见拙文《亚洲想象的政治》,见《去政治化的政治》,汪晖著,北京:三联书店,2008年。

的结构，它是有机的、历史地形成的关系。没有一定的政治文化，区域也是难以成型的。从历史的角度看，封建、郡县、朝贡和皇权等政治文化既相互区别，又能够以一定的形式生成一种混合体制，它们能够适应历史的变化而互相取舍和渗透。因此，讨论区域关系，不可能绕过制约这一关系的政治传统。

传统中国的政治文化经历了巨大的变动，即便同样称为皇权，内容也不是完全一样的。皇帝不仅是以血统关系为基础的分封体制的产物，也是有关皇权这一位次的政治文化的产物，没有一种高于皇权本身的政治文化作为根据，皇帝的合法性就不能成立。皇帝越过其位次而行事的方式经常被解释为天下动荡或天下无道的根源。皇权的含义随时势变迁而产生变异，例如，明朝皇帝与清朝皇帝在职能上有所不同，后者除了在中原地区继承了皇统外，也在蒙古和西北地区承续了汗统。清朝皇帝有人格性身份，他是满洲的族长，但一旦将其置于皇帝的位次之上，这个身份就必须被小心地掩盖起来。皇权的非人格性是"普遍统治"的根据，儒学就是赋予皇权以普遍合法性的理论，其功能如同统合各种社会要素并加以合法化的宪法。如果皇权本身包含着多重特性，作为合法性根据的政治文化也必定包含多面性，其内涵远远超越了儒学一家的范畴。例如，清朝皇帝对喇嘛教的信奉是其统治蒙古、西藏的合法性论证；再如，地方性的宗族关系、家族伦理等以宋明理学为中心，但王朝间的继承关系却必须诉诸经学、礼乐实践及其他方法；在中央与边疆、中央王朝与其他政治体的关系方面，朝贡关系构筑了一个象征性与实质性相互补充的网络，并为其他形态的交往提供了空间。

在民族－国家体制条件下，以皇权为中心的政治文化被彻底重组。几乎在普遍王权衰落和共和国诞生的同时，主权范畴内的统一与分裂就构成了中国政治危机的核心问题之一。重新讨论中国的政治文化及其内涵的多样性，不是为了追溯那些逝去的图景，而是为了探究那些政治文化的要素更能够为上述横向运动提供空间。普遍王权的衰落是一个历史性现象，新的政治价值和社会关系阻止了通过复辟而形成普遍性帝国的可能性，但这并不意味着传统政治形态中没有值得我们借鉴的东西。在五四东西文明论战的始作俑者杜亚泉看来，中国的区域和行政体制的最为深刻的特征是其非人格性。正由于这种非人格性的政治文化，各不相同的要素能够被组织在一种相对稳定的关系之中。早在1916年，杜亚泉说：

我国社会内，无所谓团体。城、镇、乡者，地理上之名称，省、道、县者，行政上之区划，本无人格的观念存于其间。国家之名称，则为封建时代之遗物，系指公侯之封域而言，自国家以上，则谓之天下，无近世所谓国家之意义。王者无外，无复有相对之关系，其不认为人格可知。至民族观念，亦为我国所未有。[1]

这段话出自《静的文明与动的文明》这篇出名的论文，发表于他本人主编的《东方杂志》上。文章发表之时正值第一次世界大战，杜亚泉在静与动之间概括中西政治文化上的差异未免过于简单，但他将天下与国家的对立置于有无人格性这一点上仍然有启发性。

　　欧洲现代国家理论的一个普遍倾向是要求主权的非人格化，即将国家从一切人格性因素中解放出来，使国家形式从主观的形态转向一种客观的或程序性的形态。现代政治理论的一个核心论点是：国家是作为一种秩序

---

[1]　伧父：《静的文明与动的文明》，《东方杂志》第十三卷第十号（1916年10月）。

的权力和全民生活的形式，而不是某个权威的独裁势力。在国家领域中，任何趋向于人格性的因素都是与支配性的因素、专断的形式联系在一起的。但是，作为世俗化历史的产物，西方现代国家理论中的秩序观是从神学理论中脱胎而来，不仅在个别的概念上，而且在其基本的结构上，两者之间仍然藕断丝连。[1]因此，问题存在于两个方面：一方面，民族主义将各种关系——血缘、宗教、地域等等——建构为一种人格性关系，国家主权的抽象性不正是通过这些人格化要素而正当化的吗？如同霍布斯的《利维坦》所显示的那样，现代国家的秩序（尤其是主权观念）与人格主义其实很难真正区分开来。另一方面，如果现代欧洲国家理论的所有重要概念都是从世俗化的历史中产生，从而与基督教神学世界之间存在着结构性的联系，那么，那些并非产生于这

---

〔1〕 卡尔·施密特论证说："现代国家理论中的所有重要概念都是世俗化了的神学概念，这不仅由于它们在历史发展中从神学转移到国家理论，比如，全能的上帝变成了全能的立法者，而且也是因为它们的系统结构，若对这些概念进行社会学考察，就必须对这种结构有所认识。法理学中的非常状态类似于神学中的奇迹。只有在意识到这种类似的情况下，我们才能辨别上个世纪国家哲学理论的发展轨迹。"《政治的概念》，上海：上海人民出版社，2003年，第32页。

个基督教神学世界及其世俗化的国家传统和国家理论又如何呢？在上引杜亚泉的那段话中，"王者无外"的概念包含着对王者的人格性的否定，"天下"从一开始就不是人格性的单位，从这样的政治文化中产生的政治概念，也就不能用"世俗化了的神学概念"来加以比附。杜亚泉回避了对于皇权的人格性与他所谓中国国家形式中的非人格性之间的关系之间的紧张，但可以设想："天"从人格性的概念向非人格性概念的演化为这一非人格性的天下概念提供了可能：天下概念的非人格性正是起源于天概念的非人格化过程。非人格性的行政和国家概念与近代民族国家或主权国家概念截然不同，反而与我们在这里讨论的区域有几分相近，它能够提供国家和区域内部各种自主性力量交互活动的空间——区域不能用一种人格性的方法（如民族）加以界定；区域不同于"相对关系"中的地方性，后者可能按照纵向时间框架建立一种排他性认同。区域是混杂性、流动性和重叠性的世界。杜亚泉不是将某个以经济和其他人类活动为中心形成的地区，而是将中国及其政治文化本身，作为一种超越族裔民族主义的范畴。所谓"静的文明"并非取消了混杂、重叠、接触、冲突等动态因素，而是将这些关系置于一种非人格性的关系之中——这是一种承认民族、宗教和其他认同但同时将其置于横向关系之中的政治文化。如果古典时代存在将纵向关系与横向关系相互关联的政治文化，那么，在今天一种新型的政治文化究竟应该具有怎样的特征呢？如果说统一与分裂的逻辑乃是民族主义政治的基本特征，那么，新的政治文化应该致力的则是克服现代社会的平等实践与文化多样性的矛盾——比杜亚泉稍早，章太炎在清朝即将崩溃的时代，撰写了著名的《齐物论释》，对一种以多样性为前提的平等概念（"以不齐为齐"的平等）加以阐释。但这一概念还只是一个抽象的范畴，我们今天需要沿着这一线索思考一种能够综合多样性与平等的政治文化及其具体的制度性实践。

历史可以提供我们理解现实、构思未来的灵感，但历史同时也会限制我们对问题的思考。当我们运用传统概念表述区域等关系时，不能遗忘这类概念所负载的历史负担——就区域问题而言，最为需要的不是统整的政治观念，而是想象不同的人群在相互交往中形成的关系及其演化——区域关系的流动、混杂和融合早已不是过去的政治文化能够涵盖。因此，为了理解区域的形成和变迁，从历史和现实中学习是必要的，重新构思新的概念，以描述和呈现那些经常突破既定框架的现象，也同样是必要的。这样的努力蕴含着超越民族主义知识并重新回答"何为中国"这一问题的可能性。

2008 年 12 月 6 日上午，友谊宾馆

2009 年 2 月 15 日第一修订稿

2009 年 6 月 7 日第二修订稿

下　篇

琉球与区域秩序的两次巨变

引　言

在有关东北亚地区的战争与和平的讨论中，琉球占据着一个特殊的但常常为人忽视的地位。美国的军事占领仍然存在，它既是冷战的构造，又是全球化的军事结构的体现。1972 年 5 月 15 日，琉球被美国"归还"给日本，但矛盾随之而来：首先，日本并不能主宰"回归后的"琉球事务，太平洋战争的权力关系仍然凝聚在琉球的上空；其次，琉球与日本的历史不可能妥帖地放在"回归"这个概念之下。如果"回归"是对近代日本扩张历史的承认，那么，"回归"也意味着琉球的反占领运动将发展为与日本政府的矛盾。即便绕过这个"回归"概念，从冷战时代至今，日本的主权不得不受制于冷战时代的政治格局；在这样的条件下，从民族国家逻辑的角度说，琉球不能不游移于认同日本与独立于日本这两个选择之间。（在战后最初的年代，琉球甚至被迫考虑成为美国的一部分的可能性。）因此，在日本本土，有关琉球问题的讨论围绕着美军对琉球的占领而展开，而在琉球，这一讨论又涉及琉球是不是日本的一部分，琉球是不是应该独立这样的问题。由于军事霸权与当地劳动关系、土地关系相互渗透，并与日美关系、安保条约和日美军事同盟问题纠缠在一起，任何对琉球问题的讨论都不可避免地与美国、日本、俄罗斯、中国、周边区域及后冷战时代的霸权构造密切相关。未来日本在这个区域的角色也取决于这个构造的变化。在这个意义上，琉球问题甚至不仅是东亚的问题，它是整个世界资本主义发展、帝国主义发展在这个区域的集中的一个展现。

伴随美国全球霸权的渐趋衰落，东北亚地区的和平应该如何维系？在第二次世界大战和冷战时期形成的区域国际秩序正在和即将发生哪些变化？能否在这个区域的传统中找到一种维系和平的机制？除了直接的反战运动和反（军事）基地的运动之外，琉球也在认识论上或者说历史认识上提出了上述问题。本文以琉球在19世纪70年代和20世纪40年代的命运为例，分析东亚地区国际秩序的两次大转变。通过档案文献的细读和分析，我试图说明，围绕琉球问题在中国与日本、美国与日本、美国与中国，以及其他力量之间的博弈，同时也是两种秩序观之间的冲突、妥协与协调，即由西方国际法为规范的民族国家关系与以所谓朝贡关系为框架的传统区域秩序之间的冲突、妥协与协调。讨论这一区域的和平和冲突，不可能回避如何确定区域的新秩序这一关键问题；讨论亚洲区域的整合或形成共同体的可能性，也不可避免地涉及美国及其军事存在在亚洲的含义。

一 "琉球问题"、区域关系与
19—20 世纪国际规则的巨变

19 世纪中期以降，西方民族主义通过帝国主义扩张而对亚洲区域发生了巨大的影响。尽管一些学者认为在区域内部或亚洲社会内部也产生了相应的民族主义动力，但这种新型的主权国家类型是在欧洲的影响下诞生的。亚洲区域的一些新的主题或者新的角色就是这一新的权力关系和新的合法性知识的产物。琉球是一个特殊的王朝，始终保持着与中国的朝贡－藩属关系，为了维持其地位，也在中国和日本之间形成双

重朝贡模式。无论当时的地缘政治和文化关系的具体状况如何，在亚洲区域的历史关系中，琉球的地位是由一个完全不同于主权国家和民族国家的模式维系着的。这是完全不同的关系。这套关系，我们姑且用朝贡这一未必贴切的概念来表述，通常来说不构成近代民族主义的关系。无论怎样叙述，民族主义关系是把过去的这套传统关系彻底打破之后才能形成的关系。因此，日本对它的控制不是在原有的关系模式之中，而是在新的关系之中，是在帝国主义－民族主义的关系之中了。

我的一个基本观点是：19世纪以来发生的变化不仅来自中国与日本在这个区域的霸权地位的消长，而且是一个普遍性规则的突变。这个规则性的突变不能一般地用一个国家和另一个国家的关系来描述，因为它指的是构成这些地区政治实体和社群关系的基本原理发生了断裂和转变——没有这个断裂和转变，我们就不能理解琉球的近代历史，不能理解甲午战争和台湾的割让，不能理解朝鲜半岛的殖民化，不能理解满洲国的建立与垮台，不能理解"大东亚共荣圈"的政治－军事逻辑。这个新规则是以欧洲国际法作为基本概念和框架的。1871年12月23日，明治政府派遣以右大臣岩仓具视为正使，参议木户孝允、大藏卿大久保利通、工部大辅伊藤博文等为副使的政府代表团，历时一年零十个月，历访美国、英国、法国、德国、俄国、意大利和奥匈帝国等十二个国家，据说使团耗费达一百万日元（占明治政府 1872 年财政总收入的 2% 以上）。[1] 在《派遣特命全权大使事由书》中，明治政府规定岩仓使节团的任务之一，便是"向各国政府阐明并洽商我国政府之目的与希望"，以便"依据万国公法"，"修改过去条约，制定独立不羁之体制。"[2]1873 年 3 月 15 日，岩仓使节团拜会德国首相俾斯麦，这位铁血宰相对近代日本思想的影响不容小视，大久保利通就对他佩服得五体投地。俾斯麦以弱小的普鲁士向大德意志帝国的转变为例，对使节团说："方今世界各国，皆以亲睦礼仪交往，然此皆属表面现象，实际乃强弱相凌，大小相侮"，"彼之所谓公法，谓之保全列国权利之准则，然大国争夺利益之

---

〔1〕 烟山专太郎：《征韩论实相》，楚南拾遗社，1909 年译印，第 231 页。这里关于岩仓使节团的出访，均参见和引自解晓东：《岩仓使团与日本现代化》，《渤海大学学报》（哲学与社会科学版）第 26 卷第 2 期（2006/03），第 68—71 页。

〔2〕 大久保利谦：《岩仓使节的研究》，宗高书房，1976 年，第 161—162 页。

时，若于己有利，则依据公法，毫不更动，若于己不利，则翻然诉诸武力，固无常守之事。"[1]大久保利通给西乡隆盛写信说："听了俾斯麦的一席话，开始感到日本的前途大有希望了。"[2]

这件事对日本影响至深，并不限于日本自身的富国强兵，因为明治政府利用西方国际法规则争取生存空间的努力在亚洲地区一变而为帝国主义和扩张主义的逻辑。太平洋战争正是这一扩张逻辑与美国在这一地区的同一扩张逻辑发生正面冲突的结果。明治初期，日本多次遣使来华要求仿照西方各国的条约与清朝签订通商条约，这一签约诉求背后隐含着对朝鲜、琉球等地的扩张欲望。明治初期，"主政者岩仓具视、木户孝允等的一个政策，就是向中国和朝鲜发动侵略，特别要用倒幕后的军队去远征朝鲜，借以巩固中央政权。当时朝鲜在名义上称为中国的'属邦'，日本政府派代表到朝鲜要求开港通商，朝鲜方面要日本先与中国缔结条约，然后再和朝鲜订约。日本政府在这时积极进行中日通商条约的缔

---

〔1〕 久米邦武：《美欧回览实记》第三卷，岩波书店，1981 年，第329 页。

〔2〕 信夫清三郎：《日本外交史》上卷，商务印书馆，1980 年，第143 页。

结，一面是为了缓和国内的矛盾，同时也为了由此取得进入朝鲜的一种资格。"[1] 从这个逻辑看，那种将太平洋战争（"争取生存空间"）与"大东亚战争"（帝国主义的扩张、侵略和殖民）作为两个截然不同的战争的叙述逻辑是不成立的。

在寻求适应国际规则变化的过程中，日本自身的变化是根本性的。日本在明治维新以后需要建立自己新的地基，它的扩张性越来越强，而利用当时的区域关系，逐渐把琉球变成自己的一部分，是这一扩张性的具体体现。日本的扩张并不始于明治时代。例如丰臣秀吉对朝鲜的征战并欲借势席卷大明和印度的对外军事行动，都是早期扩张的明确例证。明治之前，日本没有吞并琉球，也主要出于德川家康对大明的恐惧和经贸利益考虑，而郑经派手下萧启帮助日本袭击琉球赴清国朝贡船，也是在这一状态下发生的现象。这也意味着在日本历史内部存在着与中国争夺势力范围的动因。但是，这些扩张行动与亚洲地区各王朝历史中的扩张和征战的形态相差不远，不能用于说明 19 和

〔1〕 王芸生编著：《六十年来中国与日本》第一卷，北京：三联书店，2005 年，第 38 页。

20世纪的现象。因此，除了这类内发的扩张动力之外，我们其实还需要问一问：明治日本是用什么样的原理来统摄这些地区的？在这一时期，日本的扩张主义有了哪些不同以往的特点？我认为自觉地利用新型的国际规则就是最为重要的特点之一。美国传教士丁韪良翻译的《万国公法》依据的是英国惠顿的《国际法原理》，首版于1864年，很快传播到日本。这是西方民族国家的逻辑进入这个区域在知识上的表现——中国人、日本人被教导说，中国、日本与西方的矛盾和冲突来源于自身对国际法缺乏了解与知识，而新的变革需要在这个方向上逐渐地展开，将自身确立为一种新的时代精神的体现者，即奉行国际法的民族国家。值得注意的是，明治初期的日本同样受到西方国家的不平等条约的束缚，却力图通过不平等条约向中国、朝鲜等地扩张。其实，在岩仓使节团访问欧美之前，日本就已经在努力模仿西方列强的模式，并在周边关系中加以运用。例如，就在1871年《中日修好条规》谈判过程中，日方力争的已经是"约同西例"，而中方拒绝的是利益"一体均沾"的字样。清朝开始希望维持原有的区域关系模式，但奈何"各使动称万国公法，我即以公法治之"，[1]欧洲帝国主义的国际法遂逐渐成为主导东北亚区域关系的基本框架。岩仓使节团回国后，一度抑制"征韩论"，除了出于"内政优先"的考虑外，恐怕也有在新规则下重新规划对朝鲜等周边地区的扩张策略有关。

日本在占领琉球的历史过程当中，两者的关系到底发生了何种变化？琉球群岛由大隅诸岛、吐噶喇列岛、奄美群岛、冲绳诸岛和先岛诸岛组成，面积不大，约4500平方公里。琉球向中国王朝朝贡的时间可以追溯至1372年（明洪武五年）的"三山"时期，这个群岛上的中山率先向明朝贡，山南、山北随后跟进，这三个小王国分别受到明朝册封。15世纪初，统一的琉球王国形成，继续向中国朝贡。17世纪初，即1609年，日本萨摩藩（岛津氏）武力征服琉球，琉球王被迫向日本暗中称臣，并在奉中国正朔的状况下，向日本交付沉重赋税达二百七十余年。琉球王国与明朝和萨摩藩（乃至江户幕府）的双重朝贡关系形成，但琉球国王仍受中国王朝册封，直至清代。我在琉球王宫访问时，见到明清两代

---

〔1〕 王芸生编著：《六十年来中国与日本》第一卷，北京：三联书店，2005年，第57—58页。

回赐的物品，尤其是船只，琉球王宫中也陈列了接待中国钦差的仪式的画面。日本明治政府先是在 1872 年 10 月废琉球国为琉球藩，继而在 1879 年 3 月派兵入侵琉球，设置冲绳县，琉球从此沦为日本"本土"的一部分。[1] 琉球很弱小，就跟不丹、锡金等喜马拉雅山麓的王朝一样，这些很小的政治体，为什么从来都能够存在于几个大的政治体之间而不必一定要变成一个大的政治体的一部分呢？为什么在进入民族国家的时代，这些小型王朝就逐渐地转变为民族国家的一个特定区域呢？是什么样的文化、政治和制度的灵活性能够提供小的政治共同体的相对独立，又是什么样的文化、政治和形式化的制度最终以主权的名义将这些共同体收编在一个形式主义的主权概念之内呢？这些问题并不是日本一个国家的问题，包括中国在内的许多国家没有发生近代日本帝国主义的问题，但都处于同一个转变之中，在其复杂的内外关系中，不可能自外于这些危机和挑战。

---

〔1〕 攻占琉球与侵略台湾存在着连带关系。其实早在鸦片战争后，萨摩藩诸侯岛津齐彬就建议说："英法既得志于清，势将转而向东。……故我之入手第一着，当以防外夷为上策；或助明末之遗臣，先取台湾福州两地，以去日本之外患。虽取此二地，即我萨隅之兵已足；惟无军舰，则不足以争长海上。故当今之计，又以充实军备为急图。"《六十年来中国与日本》，第 63—64 页。

在亚洲地区，尤其是中国周边，如今常常被归纳在朝贡体系范畴的政治体之间的相互关系与民族国家间的关系完全不一样。朝贡关系中也有内外，但与主权概念下的、由边界及边界内的行政管辖权等概念所划定的内外关系不同，前者的亲疏远近与后者的内外二分遵循着不同的逻辑。在前者的亲疏远近关系中，内外之间有相当的模糊性和弹性，而后者的区分更为刚性。按照主权原则，内外的严格分界产生了独立与统一的绝对对立，其间没有模糊地带；而朝贡关系更像是一种亲疏远近的关系、一种由参与者的实践相对弹性地展开的关系，因此，朝贡关系并不等同于一种主权国家意义上的内外关系。当然，朝贡关系与条约关系的差别是一种规范性的差别，在实际的历史关系中，两者之间也存在着重叠之处。我曾经将这种重叠关系归纳为王朝历史中帝国建设与国家建设的双重过程，即王朝的内外关系包含着多重的模式，往往因具体事例而定，同样被归纳在朝贡关系的范畴之下，实质的内涵并不相同。[1]例如蒙古、西藏与中央王朝的关系不同于清朝与俄罗斯及其他欧洲国

---

〔1〕 参见拙著《现代中国思想的兴起》上卷第一部导论、上卷第二部《帝国与国家》，北京：三联书店，2004年。

家的关系，后者与近代外交关系相仿佛，而前者则不能用外交关系加以比附。王朝体制内的蒙古八旗制、西藏噶厦制、西南各土司制均各有不同，即便是藩属关系，也往往因各种历史条件的差异而并不一致——朝贡体制不是一种规范式的、整齐划一的制度，而是一种较为灵活的联系模式。

在民族主义的时代，某个区域或者是某一政治体的一部分，或者是主权独立的，不存在既不是一部分又不是独立的这样一种特殊的联系或模式，这也就意味着传统联系模式的瓦解。日本对琉球的殖民以及1874年第一次对台湾的攻击就意味着亚洲地区长期行之有效的一套联系和互动的法则发生了重大的变化。这个变化不仅是一个王朝吞并另外一个王朝的过程，也不仅是中国与日本两国之间力量消长的产物，而且也是一种普遍规则的突变。日本对朝鲜的入侵、中日甲午战争、日俄战争以及"大东亚战争"和太平洋战争正是这一普遍规则突变的序列性的呈现。早期欧洲的国际法其实就是帝国主义的国际法，日本正在力图运用这个规则跻身于欧洲帝国主义的行列。在这个新时代，一个政治体对另外一个政治体的占领和攻击，其合理性和合法性诉诸一个全新的法则，旧有的规则不再起作用了。这是世界史上的大事件。琉球问题就其根源而言是日本内发的扩张主义与（帝国主义的）民族主义法则的普遍化这一双重过程交互重叠的产物。

二 帝国主义国际法的最初运用

中日第一个修好条约批准交换后一年，1874年，日本以1871年11月间遭遇飓风的琉球渔民和台湾山地民的冲突（死54人）为由，发起对台湾的攻击。日本先是用琉球事务来跟清政府打交道，而后又试图以此为跳板对台湾进行攻击和扩张。在发动战争前，1873年5月，日本外务卿副岛种臣抵达北京请求觐见，并遣副使柳原前光就此责问总理衙门大臣毛昶熙、董恂等，要求清政府处理、惩罚这些跟琉球渔民发生冲突的台湾山地人。毛昶熙答云：“'蕃'民之杀琉民，既闻其事，害贵国人则未之闻，夫二岛俱属我土，属土之人相杀，裁决固在于我。我恤琉人，自有措置，何预贵国事，而烦为过问？”显然不承认日本对琉球的统治权。他同时又指出：“杀人者皆属'生蕃'，故且置之化外，未便穷治。日本之'虾夷'（指北海道的爱斯基摩人——作者注），美国之'红蕃'（指印第安人——作者注），皆不服王化，此亦万国之所时有。"[1]清代中国有多重的法律关系，比如说有大清律、蒙古律，在西南有土司制度，在西藏有噶厦制度，在台湾，生番和熟番是区别对待的。这一独特的王朝制度产生于所谓"从俗从宜"的治理策略和各个地区长期的政治－文化关系，并与王朝政治的"对外关系"相互连带。1874年战争爆发后，总理衙门于5月11日照会日本外务省云："查台湾一隅，僻处海岛，其中生番人等，向未绳以法律，故未设郡县；即《礼记》所云'不易其俗，不易其宜'之意，而地土实系中国所属。中国边界地方，似此生番种类者，他省亦有，均在版图之内，中国亦听其从俗从宜而已。"[2]我们可以说这是一种没有严格的内外分野但同时又包含着多重差异的制度形态和关系模式。这个多元性的法律政治制度仍然是一种统治和支配制度，在这一多元政治条件下，也产生过各种各样的支配和战争，但就其多样性和统一性的灵活关系而言，值得我们重新思考——不是将这一制度理想化，而是从一个历史的视野反思现代政治制度在保持多样性方面的缺失，追问为什么这样的政治联系的模式在民族

---

〔1〕 王芸生编著：《六十年来中国与日本》第一卷，第64—65页。

〔2〕 《同治朝筹办夷务始末》卷九三，第29—30页；《六十年来中国与日本》，第72页。

主义时代难以为继，为什么民族主义的模式如此强烈地要求内部的统一性、单一性和清晰的内外关系。

总理衙门大臣在清朝视野中所说的这个内外的问题到了明治日本的台湾叙述中就发生了质的变化。总理衙门大臣所谓"生番"不在大清律治内，指的是清代非常独特的法律制度，就好像说内地的法律与香港特区的法律有差别，但这个差别并不构成香港的主权地位的根据。然而，日本将大清律与当地习惯法的关系解释成主权意义上的内外关系。1874 年 2 月 6 日拟定的《台湾"蕃"地征伐要略》称："台湾'土蕃'部落，为清国政府政权所不及之地。……是以报复杀害我藩属琉球人民之罪，为日本帝国政府之义务，而征'蕃'之公理，亦可于此中获得主要根据。""清国如以琉球曾对该国遣使纳贡为由，发挥两属之说，以遑顾不理，不应酬其议论为佳。盖控制琉球之实权在我帝国，阻止琉球遣使纳贡之非礼，可列为征伐台湾以后之任务，目前不可与清政府徒事辩论。"[1]

日本的策略是将进攻的地方与台湾分开，借口"土

---

〔1〕《台湾"蕃"地征伐要略》，《对支回顾录》，第 53 —54 页，转引自《六十年来中国与日本》，第 65—66 页。

蕃"为无主的"化外之民",以此论证对于台湾山地人的攻击不是对大清的攻击。这个说法与清朝的立场完全对立。这里不妨引述李鸿章与新任日本驻华公使柳原前光的对话说明各自的立场:

> ……问:你们如何说台湾生番不是中国地方?答:系中国政教不到之地,此次发兵前去,也有凭据。问:你有什么凭据?未答。……答:台湾生番如无主之人一样,不与中国相干。问:生番岂算得一国么?答:算不得一国,只是野蛮。问:在我台湾一方岛,怎不是我地方?答:贵国既知生番历年杀了许多人,为何不办?问:查办凶首,有难易迟早,你怎知道我不办?且生番所杀是琉球人,不是日本人,何须日本多事?答:琉球国王曾有人到日本诉冤。问:琉球是我属国,为何不到中国告诉?答:当初未换和约时,本国萨(山司)马诸侯就打算动兵的。[1]

---

〔1〕《李文忠公全书·译署函稿》卷二,第36—39页,引自《六十年来中国与日本》,第78—79页。

222

中日之间围绕琉球和台湾的地位问题发生的争论是以西方势力武力介入这一区域并试图推广其规则为背景的。日本入侵台湾的借口其实是对美国入侵者的抄袭。1853年，美国海军副将佩里（Mathew C.Perry）的军舰打开了日本国门，强迫日本签订了《日美神奈川条约》；又于次年侵入台湾。他曾向美国政府建议占领台湾："台湾的地理位置，使其非常适合于作为美国商业的集散点，从那里，我们可以建立对中国、日本、琉球、交趾支那、柬埔寨、暹罗、菲律宾以及一切位于附近海面的岛屿的交通线。"[1] 1867年，美国政府派遣两艘舰艇进攻台湾，但遭到当地居民坚强抵抗，大败而归；其后更采取"用亚洲人打亚洲人"的策略在中、日、朝鲜之间实施分化瓦解。美国驻日公使德朗（C.E.Delong）于1872年10月向美国国务院报告说：

> 西方国家的外交代表们的真实政策，应当是鼓励日本采取一种行动路线，使日本政府彻底反对这种主义（指闭关自守与中朝联盟），使日本朝廷与中

---

[1] 卿汝楫：《甲午战争以前美国侵略台湾的资料辑要》，引自《六十年来中国与日本》，第105页。

国及朝鲜政府相疏隔，使它成为西方列强的一个同盟者。[1]

日本对台湾的第一次攻击不但采用美国入侵台湾的同样借口，而且曾在美国入侵台湾时到台湾做过调查的美国驻厦门领事李仙得直接向日方提供了地图和建议。日本以"番地"为中国政教禁令所不及为理由攻击台湾，这一策略直接来自美国人的建议。

由于美国和日本对台湾的入侵与西方国际法的运用范围的扩张相并行，而后者又被看作是一种先进的知识，侵略者因此能够用后者作为战争的合法根据。宫崎滔天[2]的哥哥宫崎八郎参加了1877年的西南战争。1877年的这场战争在日本近代历史上非常重要，是日本近代英雄主义的一个事件。上野公园中至今矗立着西乡隆盛的铜像，他不但是西南战争的将军和早期"征韩

---

[1] T.J.Treat，"Diplomatic relations between the United States and Japan"，Vol.I，pp.476－477，引自《六十年来中国与日本》，第106页。

[2] 宫崎寅藏，号滔天，孙中山的坚定支持者。曾帮助在日避难的孙中山联络在日华侨。1902年，发表自传《三十三年之梦》，详述与孙中山的革命历程，成为研究孙中山、辛亥革命和中日关系史的重要资料。后又为中国同盟会的建立而奔走，是同盟会最早的外籍会员之一。

论"倡导者，也是进攻台湾的主将西乡从道的族兄。那么，这场战争与 1874 年的战争有什么精神上的联系吗？野村浩一教授评论宫崎八郎说："在八郎的身上，毫无疑问，明治初年最进步的要素与支撑着他的豪杰的要素，两者交杂混合在一起，而且，这种最进步的要素，在不同的形势下，会突然之间转化成完全相反的东西，这种危险性，也展示在我们的面前。亦即，自由民权与征韩论，或者反政府运动与台湾征讨战。"[1]在征讨台湾的问题上，他给父亲写信说：

> 日本尚少悬军事，故人人陷于因袭，以致纲纪不振。此节出兵事成，乃尤可贺事也。去年琉球王子亦来朝皇国，彼为日本藩属已定，琉球王受日本藩王之礼，参列华族。台湾人杀害琉球人，乃与杀日本人无异，我国责其罪，乃万国公法也。[2]

西南战争时期的英雄主义与攻击台湾时所使用的"万国

〔1〕 野村浩一：《近代日本的中国认识》，北京：中央编译出版社，1999年，第 119 页。
〔2〕 荒木精之：《宫崎八郎》，《祖国》1954 年 5 月号，第 182 页，转引自《六十年来中国与日本》，第 120 页。

公法"的精神恐怕是有内在联系的。宫崎八郎还曾给时在中国负有重任的曾根俊虎写信说："先前所报一群马贼蜂起之事，尔后状况如何，请望一报，此处可依事斟酌，放弃万事，直奔大陆。至于岛国之事，无甚可言者。可告者，唯乐在整装，欲早日呼吸大陆之空气也。"[1]从这个角度说，攻击台湾与进军亚洲大陆（中国）也是相互关联的，而其理据就是所谓"万国公法"，即国际法。

这是以民族国家及其内外关系为前提的新的时代精神。宫崎八郎在说这些话时洋溢着的英雄主义气息，意味着近代民族主义的知识作为新的政治正当性的基础完全建立了。正是这种新的知识赋予了日本帝国征服琉球、征服台湾，继而征服大陆的正当性。这个知识不是日本自己的产物，而是伴随西方列强相互竞争势力范围而来的。宫崎八郎言语中的"万国公法"，所本的大概就是丁韪良翻译的《万国公法》。这也意味着，作为被侵略国的清朝也正在西方势力的诱导下接受这种知识——据说，鸦片战争以来的中国与西方的冲突都是因

---

〔1〕《宫崎滔天全集》第1卷，平凡社，1971—1976年，第109页。引自《六十年来中国与日本》，第120页。

为清朝不懂"万国公法"的缘故。

也就是说，在这个地区，琉球的问题、台湾的问题、朝鲜的问题，以及对大陆的征服的问题，是和近代民族主义的正当化和传统联系模式及其价值的衰落相伴随的。这就是民族主义知识与帝国主义之间的一个内在的关系，正是这个内在的联系能够赋予西乡隆盛、宫崎八郎等从上到下的将士以英雄主义。英雄主义的前提是一种将自我及其行动正当化和崇高化的价值。如果只是一个赤裸裸的入侵，怎么就是一个英雄呢？因此，这些早期帝国的英雄主义建立在一个新的知识基础、新的正当性法则之上。日本对朝鲜的入侵也遵循着同一逻辑，它逼迫朝鲜跟清朝建立条约，通过贬低朝贡关系，一种形式平等的主权观念为帝国主义扩张和新的殖民统治提供了前提。这一规则性转换将侵略叙述为解放，将传统的争夺势力范围的扩张逻辑解释成新的时代精神。

当代琉球的社会运动批判早期日本现代化的思想，因为现代化观念也是将日本的殖民统治正当化的理论根据。现代化的正当性在今天仍然是一种合法化的观点，比如说形式平等的观点、机会均等的观点在内外关系中都可以成为将现实的不平等关系合法化的前提。在 19 世纪，签订条约的前提是存在着形式平等的主体，而形式平等的主体之间签订的条约却是不平等的。其实，帝国主义这个概念最初产生于欧洲列强在争夺资源和殖民地时的相互竞争关系，形式平等也只适用于帝国主义宗主国之间。当条约关系转向帝国主义国家与其他被殖民和被压迫地区之间的关系时，形式平等的主体就只能通过不平等条约而被确立。在19世纪晚期的东北亚地区，通过这一新的关系及其标准，琉球、朝鲜、越南和中国王朝之间的册封关系被看成是不正当的关系，即形式上等级性的关系。在这一双重关系里面，帝国主义的入侵被看成解放，因为条约关系被解释成平等主体间的关系。

明治时代的许多进步人士真诚地相信对琉球的领属关系的确立、对台湾的攻击体现着新的时代精神，这与西方帝国主义的赤裸裸的霸权状态在逻辑上有明显的连续性。美国入侵伊拉克造成了极大的平民伤亡，遭到全世界舆论的批评，但它的自我辩解是：这不但是反恐战争，而且也是帮助伊拉克人民打倒独裁者、建立民主体制的人权战争。由于这场新战争已经发生在民族国家体制的框架下，问题似乎只能在暴政与民主之间加以解释。19世纪的不同之处在于：民族主义只是一种新的关系和尺度，在亚洲地区存在着多少世纪以来长期有效的另一种知识、另一种支撑政治体之间关系的制度和礼仪系统。因此，它直接地显现着两种不同的世界关系及其对抗性。而在今天，在一个民族国家体制早已经确立的时代，美国的入侵恰恰表现为对国际法的破坏。

三　冷战的预兆：开罗会议与
琉球的战后地位

因此，国际法与帝国主义之间的历史关系并不意味着对国际法的简单否定态度。早期的国际法只是帝国主义国家之间的法则，但随着民族解放运动和解殖民化运动的发展，许多被压迫民族成为新兴的主权国家，他们利用国际法的主权学说为自己提供合法性。万隆会议的和平共处五项原则就综合了国际法的一些原则和成果。当国际法不再只是（虽然仍然经常是）超级大国用以操控的工具的时候，超级大国就不断地破坏国际法。南斯拉夫危机、科索沃战争、伊拉克战争等全都是对国际法的破坏。在这个意义上，对国际法的历史批评又不能等同于对国际法的否定。也在同一个意义上，对于传统政治关系和联系模式的重新追溯并不等同于要重构这种政治关系。所有这些工作的意义在于建立一种反思的和批判的视野，构思新的区域－全球关系及其规则。

讨论琉球在冷战中的地位不可避免地涉及 1943 年开罗会议。当代琉球问题的核心是美军的占领和由此造成的伤害，但军事占领问题涉及整个区域的冷战构造，我们需要了解这一构造形成的政治背景，并将国际关系的演变置于这一背景中加以分析。2009 年冬季学期，我在斯坦福大学客座，趁便往胡佛研究所查阅所存蒋介石日记，并与美国外交档案和中华民国档案等资料相互参证，以弄清这次会议中有关琉球地位的讨论。胡佛研究所所存蒋介石日记始于 1917 年，终于 1955 年，系蒋氏家属托存于该所。1970 年代部分尚未开放，故无从了解 1972 年 5 月 15 日美国将琉球交还给日本前与蒋介石交涉的情况，但从中美关系其时正在发生的巨变（1971年 7 月 9 日基辛格秘密访华、1972 年 2 月 21 日尼克松正式访问中国）推测，所谓美国曾计划将琉球交给台湾的传言是不大可信的。

开罗会议召开于 1943 年 11 月 22 日至 26 日间，罗斯福、丘吉尔、蒋介石三位大国领袖及其随行军政首脑举行多次会谈。对于蒋介石而言，此次会议至关重要。首先，中国是一个弱国，在经历了多年抗战之后，与英、美两大国共同开会讨论战后安排，对于中国而言，意义相当特殊；其次，蒋介石与罗斯福、丘吉尔作为三大国领导人共同协商、讨论，在其个人生涯中，这一事件也相当特别。在整个战争期间，在德、意、日同盟的对立面，一向只有三大国（美、苏、英）之说，没有"四强"的概念。在开罗会议之前的卡萨布兰卡会议，蒋介石没有受邀参加；[1] 在开罗会议期间，罗斯福会见到访的苏联人民委员会副主席兼外交人民委员会第一副人民委员维辛斯基（Andrey Vyshinsky, 1883—1954）[2] 时仍然只提"三强"（three powers）；开罗会议后，罗、丘二人前往德黑兰与斯大林见面，蒋介石却独自回中国了，会谈框架仍为"三强"。但开罗会议奠定的基本框架在这时已经确立了。

---

[1] 魏德迈回忆录第十三章说："蒋委员长并未被邀请来卡萨布兰卡开会，中国的要求，也未给予认真的考虑。……中国要求在盟国会议占有一席发言地位的呼声，也被弃之不顾。这都是英国作祟，它影响了我们的思想与战略。"陈纳德在《我与中国》第十章中也谈到"蒋委员长和蒋夫人对英国政府封锁滇缅以免获罪日本人的决策……大感愤怒"等等。《中华民国外交史料档案汇编》（十二），国立编译馆主编，渤海堂文化公司印行，1996年，第5768—5769页。

[2] 维辛斯基于1946年起担任苏联外交部副部长，1949年起担任外交部部长。1950年2月14日在莫斯科签署的《中苏友好同盟互助条约》及协定即由他与中国政务院总理兼外交部长周恩来共同签字。

美、苏、英、中四国框架并非始于开罗会议。1943年10月31日，中国驻苏大使傅秉常在莫斯科与苏联外长莫洛托夫、美国国务卿赫尔、英国外相艾登签订"四国宣言"，为四强"格局"做了铺垫。[1]但就是在签订这个"四国宣言"时，苏联还曾以中国政府未派代表出席莫斯科会议为由反对中国加入这一"四国俱乐部"，英国的态度也相当暧昧。只是由于美方的坚持，这一宣言才得以在四国名义下发表。[2]罗斯福原先准备在开罗召开四强会议，但蒋介石"以日苏尚未宣战，颇疑中苏同席有所不便"为由，令宋子文与罗斯福磋商。[3]通过开罗会议，在罗斯福的协助和中国方面的努力之下，"四强"格局得以形成，这对战后国际秩序有重要影响。1943年11月24日，蒋介石指示王宠惠（时任国防最高委员会秘书长）将中国政府备忘录（经 Hopkins）转交罗斯福，其第一部分四条全部有关联合国理事会的构成。中方建议发表"四强"声明，形成以"四

---

[1] 《四国宣言》全文见国立编译馆（主编）：《中华民国外交史料档案汇编》（十二），第 5931—5932 页。

[2] 同上书，第 5934—5935 页。

[3] 同上书，第 6007 页。

强"为中心的常任理事会。[1]1943年战局正在发生转化，美国和英国开始考虑纳粹德国垮台后战争重心向东南亚和东亚转移的问题，中国的重要性空前地凸现出来。除此之外，罗斯福邀请中国加入"四强"俱乐部的长远目的，也在考虑如何在战后利用中国以牵制苏联和制衡日本。开罗会议除了讨论军事问题外，反复讨论战后安全问题和美国在太平洋的军事存在问题，显示出美国和英国对于未来世界秩序的深谋远虑，[2]而这也正好与蒋介石力争中国国际地位的努力相互一致。

先前流传的一些说法是：琉球问题不在蒋介石所拟开罗会议的预案之中，是罗斯福首先提及，而蒋介石被

---

[1] Memoranda by the Chinese Government (Cairo, November 24, 1943), *United States Department of State /Foreign relations of the United States diplomatic papers*, *The Conferences at Cairo and Tehran*, *1943* (1943) (DC：Government Printing Office, 1961), p.387.

[2] 美国外交档案"开罗会议"卷收录的 Hopkins Paper 在 11 月 23 日条下记载提到了蒋对苏联对华态度十分关心，其中特别提及中共问题、新疆问题、外蒙独立问题等。*United States Department of State /Foreign relations of the United States diplomatic papers*, *The Conferences at Cairo and Tehran*, *1943* (1943), (DC：Government Printing Office, 1961) p.376.

动回应；蒋介石惧怕美、日而"两拒琉球"。[1]查日记，此说不确，蒋介石其实有备而来，他对罗斯福的回应是经过深思熟虑的。11月3日星期六，蒋介石在日记中提及与罗斯福、丘吉尔会谈的一些准备工作，他作了两个提示。第一，"此次与罗、丘会谈，本无所求无所事之精神，与之开诚交换军事、政治、经济之各种意见，而勿存一毫得失之见则几矣。"第二，"与罗会商三件。甲、日本应将军舰若干吨、商船若干吨交与中国；二、日本在华（自九一八以来所侵占之地区）所有之公私产业，应完全由中国政府接受；三、战争停止后，日本残存之军械、军舰、商船与飞机应以大部分移交中国；四、港九问题归还中国为自由港；五、四国政治机构与远东委员会二种机构利害之比较；六、四国军事技术委员会以研究国际武力之组织；七、中美英联合参谋团之组织。"[2]这段话中的第二项提及日本必须归还的在华利益以"九一八以来"为时限，也就从时间上将琉

<hr />

〔1〕 如《解放军报》2007年12月24日刊登题为《蒋介石两次拒接收琉球》的文章；《环球时报》2009年3月1日还刊登了在网上广泛流传的题为《钓鱼岛祸根：二战后蒋介石两拒琉球回归》的文章，等等。

〔2〕 CHIANG KAI-SHEK, *An Inventory of His Diaries in the Hoover Institution Archives*, 43-10 (November, 1943), 11月3日。

球问题排除出去了。

但是，随着开罗会议准备工作的深入，琉球、台湾等九一八事变前的问题不可避免地进入了议事日程。在《军事委员会参事室呈蒋委员长关于开罗会议中我方应提出之问题草案》的第六条有下列条文："六、日本应将以下所列归还中国：甲、旅顺、大连（两地公有财产及建设一并无偿交与中国）；乙、南满铁路与中东铁路（无偿交还中国）；丙、台湾及澎湖列岛（两处一切公有财产及建设一并无偿交与中国）；丁、琉球群岛（或划归国际管理或划为非武装区域）。"[1] 这一草案原件日期不详，但肯定是在 1943 年 11 月开罗会议之前。1943 年 11 月 15 日（星期一），蒋介石日记中首次提及琉球问题，很有可能与军事委员会参事室的这份草案有关。日记云：

> 琉球与台湾在我国历史地位不同，以琉球为一王国，其地位与朝鲜相等，故此次提案对于琉球问题决定不提，而暹罗独立问题乃应由我提出也。注

---

〔1〕 国立编译馆（主编）：《中华民国外交史料档案汇编》（十二），第 6015 页。

意一，对丘吉尔谈话除与中美英有共同关系之问题外，皆以不谈为宜。如美国从中谈及港九问题、西藏问题，与洋华侨待遇问题等，则照既定原则应之，但不与之争执。[1]

这里值得注意的是：第一，确认琉球与台湾、西藏、港九在中国历史中的不同地位；第二，强调琉球与朝鲜地位相似；第三，指出暹罗问题也"应由我提出"；第四，对琉球与朝鲜的地位"相同"、琉球与台湾的地位"不同"都是从确定其在民族－国家体系中的地位的角度展开的，并不涉及这些"相同"之中的不同及"不同"之中的相同。以第一点为据，11月17日，当蒋介石再度考虑他的会谈方案时，未再列入琉球问题；与第二、三点相关，坚持由中国提出朝鲜（及暹罗）独立问题。这几点都与蒋介石对中国历史中的世界秩序的理解有着密切的关系，但这些理解最终必须服务于一种新的历史形势，即战后国际秩序。11月17日的日记这样记载："此次与罗、丘会谈，应注重于最大之问题。甲、

---

[1] CHIANG KAI-SHEK, *An Inventory of His Diaries in the Hoover Institution Archives*, 43—10 (November, 1943), 11月15日。

国际政治组织；乙、远东委员会组织；丙、中英美联合参谋团之组织；丁、占领地管理方案；戊、反攻缅甸之总计划；己、朝鲜独立；庚、东北与台湾应归还我国。"[1] 1943 年 11 月 24 日由王宠惠转交的中国政府备忘录中谈到日本占领领土的归还等问题，三国"共同声明"草案中提到了朝鲜独立，但没有谈及琉球。

但是，会谈开始后，琉球问题还是被提出了。《蒋介石日记》1943 年 11 月 23 日有如下记载：

> 七时半应罗总统之宴，直谈到深夜十一时后告辞，尚未谈完，相约明日续谈，而今晚所谈之要旨，一、日本未来之国体问题；二、共产主义与帝国主义问题为重心，余甚赞罗对俄国共产主义之政策，亦能运用成功以解放世界被压迫之人类，方能报酬于美国此次对世界战争之贡献也；三、谈领土问题、东北四省与台湾、澎湖群岛应皆归还中国。惟琉球可由国际机构委托中美共管。此由余提议，一以安美国之心；二以琉球在甲午以前已属日本；

〔1〕 *CHIANG KAI-SHEK, An Inventory of His Diaries in the Hoover Institution Archives*, 43-10 (November, 1943) (11 月 17 日)。

三以此区由美国共管比为我专有为妥也；四、日本
对华赔偿问题；五、新疆及其投资问题；六、俄国
对倭参战问题；七、朝鲜独立问题。余特别注重引
起罗之重视，要求其赞助余之主张；八、中美联合参
谋会议；九、安南问题。余极端主张战后由中美扶
助其独立并要求英国赞成；十、日本投降后，对其
三岛联军监视问题。余首言此应由美国主持，如需
要中国派兵协助亦可，但他坚主由中国为主体，此
其有深意存也。余亦未明白表示可否也。今晚所谈
者尽此而已。[1]

11月25日（星期日）下午5点，罗斯福与蒋介石再度会
面。据罗斯福总统的儿子 Elliott Roosevelt 的说法，
蒋、罗谈到中国的统一问题，"特别提及中国的共产党
人"。他们还讨论了在缅甸和孟加拉湾的作战行动。[2]

---

〔1〕 *CHIANG KAI - SHEK*, *An Inventory of His Diaries in the Hoover In-
stitution Archives*, 43—10 (November, 1943) (11月17日)。此处重点
号是作者所加。
〔2〕 *United States Department of State /Foreign relations of the
United States diplomatic papers*, *The Conferences at Cairo and
Tehran*, *1943* (1943) (DC：Government Printing Office, 1961),
pp.349-350.

这次见面中可能提及琉球问题，但美国外交档案开罗会议部分 11 月 25 日的记载中并无记录，蒋介石日记该日条下涉及与罗斯福照相、会谈的部分也没有相关说明。11 月 26 日下午，蒋、罗、丘正式会谈，除了讨论中缅印区域的战争方案外，也涉及前几天提及的一些问题，如中国的经济形势（尤其是货币稳定）、中美经济委员会的建立、驻华美军的费用、日据太平洋岛屿的部署、战后西太平洋的安全维护、大连港的国际化、莫斯科外长会议的成果、战后国际组织的总纲、成都机场建设费用的支付、九十个师的装备等。美国外交档案没有 11 月 26 日晚蒋－罗谈话记录，但"编辑说明"中说，蒋曾在会谈中提及外蒙归还问题，[1] 但这一问题关涉苏联的态度，后来的三国"共同声明"没有谈及。从会谈议题来看，这次会见很可能讨论过琉球问题，但档案中没有记载。因此，我们的讨论只能集中于对《蒋介石日记》中 11 月 23 日的记载和开罗会议档案中 11 月 23 日档案的分析。

---

〔1〕 *United States Department of State / Foreign relations of the United States diplomatic papers*, *The Conferences at Cairo and Tehran*, *1943* (1943)（DC：Government Printing Office，1961），pp.366−367.

在上引 11 月 23 日日记中，蒋介石重申了中美共管琉球的方案，未谈琉球在中国历史上的地位问题，但提及了另外三个理由，即"一以安美国之心；二以琉球在甲午以前已属日本；三以此区由美国共管比为我专有为妥也"。[1]从上述各条、尤其是第一条推测，蒋介石或者担心提出将琉球与台湾、澎湖列岛一并交还中国，会引起美国的不安；或者认为美国正在猜忌中国对琉球的态度。如前所述，蒋介石从一开始就对琉球地位做了不同于台湾、澎湖列岛和东北四省的界定，这里说"安美国之心"显然是针对美国的动机而言的。因此，所谓中美共管"比为我专有为妥"，并非因为"琉球在甲午以前已属日本"，而是考虑美国的实际用心。如果蒋介石在开罗会议上并在战争结束后，始终坚持琉球的国际托管或划为非军事区，而不是让美国军事占领，琉球的命运也许会有所不同，但他显然没有抗拒美国的力量和意志。这一点也可以与后面谈及的战后日本的占领问题相

---

[1] 在《国防最高委员会秘书厅呈蒋委员长关于准备在开罗会议中提出之战时军事合作、战时政治合作及战后中美经济合作等三种方案》(民国三十二年十一月，原件日期不详) 中，在"关于休战及议和条款"下的丙条也明确说"收复一八九四年以来日本所取得及侵占之领土"。国立编译馆 (主编)：《中华民国外交史料档案汇编》(十二)，第 6022 页。

互参照：罗斯福提出以中国为主派兵占领日本，而蒋介石说"此其有深意存也"，显然有相互摸底的意思。大概也正由于此，11 月 25 日（星期日）的日记中说，"昨二十五日在罗寓照相完毕，客散后，余留罗寓与罗约谈半小时，说明余昨天所提关于政治方案，乃为个人之意见"云云。[1]这则日记未必专对某条方案而言，但前述问题是肯定在其提出的政治方案中的。蒋、罗会谈气氛很好，但美国方面承诺多为口惠，实际支持很少；罗斯福甚至对于斯大林对日参战的承诺、丘吉尔定期进攻安德曼岛的计划，以及中太平洋被选为攻日主要战场（从而缅甸战场的重要性已经降低到第二位）等等事关中国抗战大局的事情，也没有向蒋通报。[2]因此，良好的气氛与相互试探是并行不悖的。

按照 11 月 15 日日记，蒋介石将琉球与朝鲜相提并论，但为什么他在会谈中先后提及朝鲜、暹罗和安南的独立问题，但始终没有提及琉球的独立问题？这很可能

〔1〕 *CHIANG KAI-SHEK*, *An Inventory of His Diaries in the Hoover Institution Archives*, 43-10 (November, 1943), Prepared by Lisa H. Nguyen, Hoover Institution, Stanford University, 2006, updated 2007, 2008, 43-10（11 月 25 日）。

〔2〕 国立编译馆（主编）：《中华民国外交史料档案汇编》（十二），第6072 页。

与"安美国之心"的考虑有关，即蒋介石已经从地缘战略上看到了美国在战后不会愿意放弃对琉球的军事占领，也未必真心想将琉球交给中国独立管辖。如同晚清李鸿章无力介入琉球问题一样，蒋介石并无抵抗美国意志的实力。但这只是问题的一方面。从蒋介石对琉球与西藏等中国属地的区分来看，他的立场也与中国的政治传统有关。按照这种世界观，它并不将传统朝贡关系（包括宗主关系）等同于主权关系。琉球与中国王朝的宗属关系长达五百年，但中国王朝很少干预琉球内政，这与萨摩藩武力入侵后即在那霸设立"在藩奉行"直接干涉琉球内政很不相同。[1]在蒋介石的视野中，台湾、澎湖列岛与琉球有所区别，前者属于中国的直接行政管辖范围；后者与中国的朝贡或宗主关系并不同于前一种关系。因此，前者必须收回，后者只能托管——他排除了日本对琉球的控制权，即表示不承认明治以降日本对琉球的统治权；但又没有用"收回"的模式规范中国与琉球的关系，所谓美国与中国共同托管是从战后国际关系和区域内部的力量平衡着眼的。蒋介石的这个

---

〔1〕 据历史学家的研究，1624年后，"在藩奉行"并未获得在琉球的决策权，其功能仅限于监督琉球王府交纳年贡等。因此，日本以此证明自己早就获得了对琉球的统治权也没有根据。

选择与战争/冷战的格局有着密切的关系，它从一个侧面提示了台湾在冷战格局中与琉球的不同位置。朝鲜、暹罗、安南、琉球以及缅甸境内的王国与所谓以中国为中心的朝贡体系有着密切关系，蒋介石将这种关系视为一种为其争取独立和自由的道德义务，而没有将这种关系视为主权关系；他的思考力求将中国历史所提供的世界图景与中国民族革命所提供的价值做某种结合，以适应新的世界秩序。就此而言，蒋介石的立场与英国力图维护其在亚洲地区的殖民主义体制的态度形成鲜明对比。

关于11月23日罗斯福与蒋介石的会谈，美国外交档案中也有记载，但这份记载是从中文记录翻译为英文的。美国外交档案的"编者按语"（Editorial Note）云："没有发现有关这次会谈的美国官方记录，显然双方均未准备。1956年，在回应编者的询问时，中国驻华盛顿大使董显光（Hollington Tong）博士确认中华民国档案中有一份有关这次会谈的中文摘要记录稿。"美国外交档案中的这份资料及其英文译文都是由台湾当局提供的。"编者按语"同时指出：这份中文记录稿与Elliot Roosevelt的回忆有些出入，其中若干内容记录中没有涉及，比如中国联合政府的结构；英国在上海和广东的利益；美国而不是英国军舰以中国港口为基地的未来行动；马来国家、缅甸和印度的未来状况等。[1]这里提到马来国家、缅甸和印度的未来地位，都涉及英国殖民地问题，后来的三国"共同声明"中没有相关内容。事实上，1943 年，围绕中国中央政府与西藏的矛盾，英国打算放弃对中国宗主权的承认，而公开支持西藏独立。英国外交部的一份题为《西藏与中国的宗主权问题》的档案明确宣称："中国为了求得远东战后的安宁，其计划与宣传的目的在于，使英国所统治的印度、缅甸和马来亚等地获得独立。就这后两者而论，真正的动机无疑是为中国的政治经济统治扫清障碍"；"为了对西藏要求彻底独立的主张给予有效的支持，我认为，我们应当放弃我们从前承认中国的宗主权的意愿。"[2]

值得注意的是：蒋介石在 11 月 15 日日记中提及应

---

[1] *United States Department of State /Foreign relations of the United States diplomatic papers, The Conferences at Cairo and Tehran, 1943* (1943)（DC：Government Printing Office，1961），pp.322-323.

[2] 英国外交部档案，371/35755，《西藏与中国的宗主权问题》，1943 年 4 月 10 日，转引自梅·戈尔斯坦：《喇嘛王国的覆灭》，杜永彬译，北京：中国藏学出版社，2005 年，第 325 页。

由中国提出暹罗独立问题，但三国"共同声明"中只是将朝鲜独立问题单独列出，这应与英国的态度有关。开罗会议期间，中美谈得比较深入，态度上也比较"诚挚"（蒋介石语），而英国由于不愿放弃在亚洲的殖民地，屡屡与中方发生争执。在《军事委员会参事室呈蒋委员长关于开罗会议中我方应提出之问题草案》的"英方可能提出之问题"条下亦曾列出"西藏问题"和"九龙、香港问题"。在"西藏问题"条下列有如下注文："本年八月间，宋部长与英外相艾登曾在伦敦谈及此问题，双方意见相去甚远，似以留待日后解决为宜"；在"九龙、香港问题"条下又有如下说明："九龙为租借地，归还中国固属毫无疑义，惟在英方视之，九龙与香港属一问题，而香港为割让地，其法律地位与九龙不同，似以留待日后解决为宜。"[1]在王宠惠与艾登的会谈中，围绕西藏问题，中英无法达成一致意见。在亚洲殖民地问题上，英美的态度很不相同：美国希望英、法、荷等欧洲宗主国能够效法其在菲律宾的做法，允许殖民地获得独立，从而在很大程度上与中国的主张相互

---

〔1〕　国立编译馆（主编）：《中华民国外交史料档案汇编》（十二），第6016—6017页。

一致，而英国则力图维持其帝国统治，并拒绝承认中国的大国地位。[1]事实上，《开罗会议》宣言最终能够将朝鲜独立问题列出并非易事，在国防最高委员会秘书厅为蒋介石准备的开罗会议预案中特别将朝鲜独立问题列为单独一条，并做了详细"说明"：对于朝鲜独立问题，"苏联目下因对日关系，大概不愿有所表示；英国因影响印度问题，恐亦未必首肯，英、美如不统一，美国势将踌躇。在此种情形之下，中国如单独承认，将与世人以同盟国家发生裂痕之恶劣印象……"[2]会谈期间，围绕满洲、台湾和澎湖列岛归还中国的条文及朝鲜独立的条文及其修辞，中英双方均有不同的意见及讨论，[3]英国外交次长贾德干甚至以英国内阁此前没有讨论这一问题及需要顾及苏联对此问题的态度为由，建

〔1〕 罗伯特·达莱克：《罗斯福与美国对外政策》，陈启迪等译，北京：商务印书馆，1984年，第612、474、556页。关于美国与英国在对华关系及亚洲殖民地问题上的差异，参见王建朗：《从蒋介石日记看抗战后期的中英美关系》，《民国档案》2008年第4期。

〔2〕 国立编译馆（主编）：《中华民国外交史料档案汇编》（十二），第6021—6022页。

〔3〕 例如，英国曾对于"东北四省、台湾等归还中国"以及"使朝鲜独立"等措辞表示反对，主张改为"当然必须由日本放弃"及"脱离日本之统治"就可以，原因是英国担心这些提法会引起其亚洲殖民地的联想。同上书，第6064页。

议删去有关朝鲜独立的一段。在中、美双方的坚持之下，这段文字始获通过，成为共同声明的一部分。[1]开罗会议后，蒋介石在其日记的"上周反省录"（蒋每周、每月、每年在日记中插入反省录）中说："东三省与台湾、澎湖岛已经失去五十年或十二年以上之领土，而能获得美英共同声明归还我国，而且承认朝鲜于战后独立自由，此何等大事，此何等提案，何等希望，而今竟能发表于三国共同声明之中，实为中外古今所未曾有之外交成功也。然今后若不自我努力奋勉，则一纸空文，仍未足凭尔。"[2]兴奋之情溢于字里行间。如果参照谈判过程中的上述争执和曲折，蒋介石日记将《开罗宣言》列入朝鲜独立问题视为重大成果之一，是很可理解的。

蒋介石在琉球问题上的态度需要参照整个会谈涉及的问题给予分析。在这里，我根据美国外交档案英文本

〔1〕 国立编译馆（主编）:《中华民国外交史料档案汇编》（十二），第6035页。

〔2〕 *CHIANG KAI-SHEK*, *An Inventory of His Diaries in the Hoover Institution Archives*, 43—10 (November, 1943), 此条记在开罗会议（1943年11月22—26日）之后的反省录中。Prepared by Lisa H.Nguyen, Hoover Institution, Stanford University, 2006, updated 2007, 2008.

和《中华民国外交史料汇编》中所收开罗会议中文档案对蒋－罗会谈再做一介绍，以与蒋介石日记中所记各项对照。为了准确起见，涉及琉球及相关问题部分，我在用中文介绍美国外交档案所载内容的同时，在注释中抄录关键部分的英文原文记录备考，同时插入中文档案有关文字。会谈记录涉及如下各项：一，罗斯福总统提出中国未来应该作为四大国（美、苏、英、中）之一参与这一机制的一切决定。二，关于未来日本的国体，蒋介石提出应由日本人民决定，在这一问题上不能留下影响国际关系的持久后患。（中文档案原文："至于他国体如何，最好待日本新进的觉悟分子自己来解决。""因为战争胜利，便去过问一个国家的国体，实在并非上策。而且，日本的天皇制在其民族的精神构造上自有地位，西方人未必会有认识，而同为东方人的中国人则是比较了解的。"[1]）三，罗斯福总统提出中国应该在军事占领日本问题上扮演主要角色，蒋介石表示中国没有足够的能力承担此一责任，中国愿意在美国的领导下参与行

---

〔1〕 国立编译馆（主编）：《中华民国外交史料档案汇编》（十二），第6060页。这里提及国体与"民族的精神构造"的关系，又比较"同为东方人的中国人"在国体问题上与"西方人"的差异，证明不同的世界秩序观在对待战后秩序的安排上起着一定的作用，值得注意。

动。四，关于战后赔偿问题，蒋介石表示可以用实物赔偿，将日本在华物资归还中国，罗斯福表示同意。五，"蒋介石与罗斯福一致同意，战后东北四省、台湾和澎湖列岛必须归还中国；辽东半岛及其两个港口旅顺和大连也必须包括在内；罗斯福总统随即提及琉球问题，不止一次问及中国是否要求得到琉球，委员长回答说，中国将同意中美共同占领琉球，最终参与由一个国际组织委托的两国联合行政机构。"[1] 罗斯福又提及香港问题，蒋介石建议在进一步讨论之前，先与英国当局谈。六，"与军事合作相关的问题。罗斯福总统建议，中美战后应该形成一定的安排，保障两国在遭遇外国入侵时能够相互支持，美国必须在太平洋各基地保持适当的军事力量，以确保其能够有效地分担阻止侵略的责任。委员长表示同意这两个建议。委员长希望美国能够提供必

---

[1] 英文原文（译文）："The president then referred to the question of Ryukyu islands and enquired more than once whether China want the Ryukyu. The Generalissimo replied that China would be agreeable to joint occupation of the Ryukyu by China and America and, eventually, joint administration by the two countries under the trusteeship of an international organization." *United States Department of State /Foreign relations of the United States diplomatic papers*, *The Conferences at Cairo and Tehran*, *1943* （1943），（DC：Government Printing Office，1961）p.324.

要援助，用以武装中国陆、海、空三军，以加强中国的国防，并能够承担国际义务。蒋委员长也提出，为了获得相互安全，两国应该安排陆军与海军基地以便双方使用，中国并承诺将旅顺作为中美联合基地。罗斯福从他的角度建议，在有关亚洲事务中，中美应在做出任何决定前相互协商。委员长表示同意。"[1]七，罗斯福提出美中应就朝鲜、印度支那和泰国的未来状态达成谅解。

---

[1] 英文原文（译文）: "President Roosevelt proposed that, after the war, China and the United States should effect certain arrangement under which two countries could come to each other's assistance in the event of foreign aggression and that the United States should maintain adequate military forces on various bases in the Pacific in order that it could effectively share the responsibility of preventing aggression. Generalissimo expressed his agreement to both proposals. The Generalissimo expressed his hope that the United States would be in a position to extend a necessary aid to China for equip its land, naval and air forces for the purpose of strengthening its national defense and enabling its performance of international obligations. Generalissimo Chiang also proposed that, to achieve mutual security, the two countries should arrange for army and naval bases of each to be available for use by the other and stated that China would be prepared to place Lushun (port of Arthur) at the joint disposal of China and the United States. President Roosevelt, on his part, proposed that China and the United States should consult each other before any decision was to be reached on the matter concerning Asia. The Generalissimo indicated agreement." Ibid.p.324.

蒋提出给予朝鲜独立的必要性及两国共同支持印度支那和泰国争取独立。八，蒋提出战后经济援助问题，罗斯福表示将认真考虑。九，关于蒙古和唐努－图瓦问题。罗斯福问及唐努－图瓦的现状及其与周边的关系，蒋回答说该地在被俄国强夺和分割之前为中国外蒙古之一部分。他提出唐努－图瓦和外蒙问题必须设定一个时间与苏联谈判。[1] 十，联合参谋部问题。蒋提出建立中美联合参谋部；作为一个替代方案，中国也可以参加英美联合参谋部。罗斯福答应与美国参谋长联席会议主席商量此事。[2]

对照蒋介石11月23日日记的内容，这个摘要记录稿显然更为详备。这里对比一下蒋日记与备忘录中可以相互补充的内容。除了外蒙问题及唐努－图瓦问题在蒋

---

〔1〕 图瓦人居住在萨彦岭和唐努山之间的区域，清代称为"唐努乌梁海"，系乌里雅苏台将军下辖的专区，地位与同属的科布多和喀尔喀蒙古四部相并列。1914年被俄国武力侵占，十月革命后，1921年8月中旬，图瓦呼拉尔（All-Tuva Constituent Khural）宣布建立唐努－图瓦共和国（Tannu-Tuva Ulus Republic），并通过第一部宪法。开罗会议后一年，即1944年，唐努－图瓦被苏联单方面吞并。

〔2〕 *United States Department of State /Foreign relations of the United States diplomatic papers*, The Conferences at Cairo and Tehran, 1943 (1943), (DC: Government Printing Office, 1961) pp.324－325.

介石日记中未载外，最为重要的出入是如下几条：第一，蒋日记中提到了共产主义及罗斯福对苏联的态度，而摘要记录稿中没有提及；第二，记录稿中提及战后中美两国在亚太地区的军事合作，其中罗斯福提出美国将在太平洋保留适当军事基地和军事存在的问题，中美互用军事基地及相互驰援的问题，以及蒋介石承诺将旅顺作为联合基地的问题，都是关键性的内容，但日记中没有记载。美国在太平洋保持军事力量以防外敌入侵的说法明显是针对苏联的。从这几条内容来看，除了蒋早就认识到琉球地位与台湾不同外，他在会谈中也意识到了美国对于这一区域的战后安排、尤其是在太平洋上的军事存在有着长远的规划。从蒋对共产主义和苏联的态度看，他显然准备积极配合美国的安排。[1]如果将这一

―――――――――――

〔1〕 卢沟桥事件前，中苏已经签订互不侵犯协定及交换意见，并于"八一三"战争后签订了《中苏互不侵犯条约》。但1940年苏方认为中国"在国际联盟会上对于削除苏联会籍一案，围场积极相助"而冷淡；1941年因皖南事变苏联对蒋施加压力；同年，苏联与日本签订中立条约，表示尊重满洲国、外蒙人民共和国等。在新疆问题上，苏联早期（1933—34）入侵哈密，拥盛世才而逐马仲英，但至40年代，盛世才与苏联产生矛盾；就在开罗会议前五个月苏联撤回其在新疆的飞行队、地质考察团，拆毁飞机制造厂，调回技工人员等等。因此，开罗会议之前，中苏关系处于挫折期。见《中华民国外交史料档案汇编》（十二），第5818页。

问题与蒋介石日记在记录罗斯福以中国为主军事占领日本的建议后面所加的评论——即"此其有深意焉，余亦未明白表示可否也"——综合起来分析，蒋可能意识到了罗斯福正在试探中国对于战后地位的设想。如果参照蒋介石要求将日本国体问题交给日本国内进步力量决定的态度，中美两国在战后日本的政治安排方面，也有不同的出发点。从摘要记录稿的英译看，罗斯福并未提及要将琉球交给中国，英文原文"The president then referred to the question of Ryukyu islands and enquired more than once whether China want the Ryukyu"表达的是一种探寻（enquired more than once whether...），而且不止一次之多。罗斯福表示在太平洋保持军事基地和军事存在的想法，是否已经在暗示美国对于琉球的兴趣？如果不是这样的话，为什么蒋介石要在罗斯福问他是否愿意要琉球时不但表示了不愿"专有"，而且还说中美共管的建议是为了"安美国之心"，又一再表示愿意在美国领导下协助美国对日本的占领呢？

开罗会议发表的三国"共同声明"没有涉及琉球问题。美国外交档案中保留的"共同声明"的美方草稿（初稿与修订稿）和英方草稿中也都没有提及琉球。这三份文件都提到必须从日本手中将其在太平洋地区占有的岛屿（许多是强大的军事基地）永久剥夺，及归还台湾、满洲等地给中国。在美方修订稿的第三、四节，有如下文字："我们确定，被日本占领的太平洋诸岛——其中许多违背日本的特殊而确定的非军事化承诺，已经成为强大的军事基地——必须从日本手中永久剥夺"，"日本背信弃义地从中国盗走的领土，如满洲和台湾，当然应该归还中华民国。所有被日本用暴力和贪婪攫取的土地必须被解放。"[1]英国的备忘录打印稿上则用钢笔在台湾（福摩萨）后面加上了澎湖列岛的字样。两份草稿和最终的《开罗宣言》都提到了朝鲜的解放和独立问题，而在蒋介石日记中被视为与朝鲜历史地位相似的琉球（以及暹罗）并不在"共同声明"涉及问题之列。《开罗宣言》的正文说："三国之宗旨，在剥夺日本自从

---

[1] 英文原文："We are determined that the islands in the Pacific which have been occupied by the Japanese, many of them made powerful bases contrary to Japan's specific and definite pledge not to militarize them, will be taken from Japan forever. The territory that Japan has so treacherously stolen from the Chinese, such as Manchuria and Formosa, will of course be returned to the Republic of China. All of the conquered territory taken by violence and greed by the Japanese will be freed from their clutches." *United States Department of State /Foreign relations of the United States diplomatic papers*, The Conferences at Cairo and Tehran, 1943 (1943), (DC：Government Printing Office, 1961) p.403.

一九一四年第一次世界大战开始后在太平洋上所夺得或占领之一切岛屿。在使日本所窃取于中国之领土，例如东北四省、台湾、澎湖列岛等，归还中华民国。其他日本以武力或贪欲所攫取之土地，亦务将日本驱逐出境。我三大盟国稔知朝鲜人民所受之奴隶待遇，决定在相当时期，使朝鲜自由与独立。"[1]

在二战期间，外蒙古、暹罗、安南、朝鲜、琉球的历史渊源和现实处境各不相同，但它们的战后命运均必须置于整个殖民历史与战争形势、大国势力的消长，尤其是美国对于战后亚太地区的战略和霸权谋划中观察。换句话说，琉球问题是在殖民主义历史、太平洋战争和冷战的复杂关系中形成的，也是在近代世界秩序的形成中产生的。根据上文的分析和推断，琉球在冷战中的地位早在1943年就已经确定，那时战争尚未结束，但战后安排问题已经提上了大国的议事日程。如今，苏联不复存在，美国在亚洲的军事基地的存在理由也相应发生了重大变化，冷战的格局已经重组。琉球社会运动提出的问题不仅关涉琉球的命运和亚太区域的持久和平，而且也关涉对于现代世界秩序及其未来演变的

---

[1]《中华民国外交史料档案汇编》（十二），第6004—6005页。

重新理解。

中国与英美之间在琉球、暹罗、朝鲜等问题上的讨论也显示了传统内外观与由主权概念所规范的民族国家的内外观之间的区别和联系。在现实政治中，这两种世界观产生了重叠关系，但两者之间并不能够互相界定。在中国民族主义的叙述中，西方列强的侵略、日本的崛起、中国的衰落，以及中国社会－政治体制的腐败、中国在技术和军事上的无能，是描述中国危机的基本尺度。这个描述客观地呈现了民族主义时代不同力量之间的较量及其后果，至今仍有相当的说服力。但它没能真正揭示出的是一种世界性的关系和规则发生的巨变。除了在民族主义框架下构思崛起之道外，民族主义叙述的真正问题是不能产生一种有关世界关系的新的规则和图景——西方中心论的核心就在于它根据西方的利益要求确立了新的规则并将这一规则普遍化，对西方中心论的批判不能不触及规则本身的重构。因此，在讨论冷战和民族主义问题的时候，还需要追问我们是在哪一种世界观的视野内讨论——是民族主义的框架，还是前或后民族主义框架？没有这一自我追问，也就没有对于19世纪以降形成的这个所谓"普遍规则"的突破。

四　琉球的政治选择

美国对琉球的占领和驻军也包含着对某种历史关系的确认：在日本本土驻军和在琉球驻军是存在差异的——战后美国在日本有大量的驻军，随着日本在战后的恢复，它对自己的主权的追求日渐强烈，美国面临来自日本社会的巨大压力，它不得不将主要的军队驻扎在琉球。现在百分之七十五的美国驻军驻在琉球。其实，美国并未弱化在日本的军事存在，不但其指挥系统大大强化了，而且2005年10月29日日美就防卫问题达成和约，其主要内容就是进一步强化自卫队及日美军队之间的一体化。2008年，在动力性航母小鹰号（驻扎在神奈川县横须贺港）退役后，取而代之的却是尼米兹核动力航母，原先的所谓日本本土的"无核化"神话也就不存在了。核动力航母的配置显示了美军在全球战略中对横须贺港的高度重视。根据日美协商，2014年美国将琉球的普天间机场归还日本，在此之前，美军约8000人及其家属9000人迁往关岛，日本政府承担102.7亿美元建设费中的60.9亿美元。其实，在军事技术高速发展的条件下，即便有一天美国将驻军大部撤往关岛，也并不减弱美国在这一地区的军事存在和军事控制。因此，对美国霸权的批评若仅限于本土或本地的范畴，就不可能触及美国霸权的根本；最为有力的批判来自将本地的斗争与全球关系进行综合的能力。

在战后日本的恢复阶段，美国可以把琉球看成是自己的基地，而不是在日本的基地；即便琉球已经划归日本管辖，但在心理上，日本本土与琉球的差异是存在的。美国人带着西方的眼光进入这个区域，却很清楚这个区域内部的差异是存在的——它利用日本近代的殖民主义历史，将自身插入由这个殖民主义历史造成的差异之中。如果更深入地去追究这个问题的话，在前一个世纪发生的基本规则的大转变就会呈现出来。19 世纪以前的模式不复存在了，琉球王国消失了，朝贡关系瓦解了，但它的历史−地理位置及其特殊的占领机制，构成了亚洲区域的特殊的历史问题。因此，琉球问题提供了思考近代民族主义历史、帝国主义知识的一个非常独特的视角。在冷战构造里面到底它的含义是什么，在后冷战的时代，为什么亚洲地区的冷战并未彻底终结？从琉球的角度追问也提供了理解冷战和后冷战格局的独特视角。

琉球的非军事化有利于区域的和平，但究竟怎样定位琉球在未来区域秩序中的位置，琉球社会运动一直存在着讨论和分歧。我认为这类讨论的模糊性源自我们所处的世界关系之中，这个世界关系并不提供另外一种有关世界关系的想象空间。主权关系不是一种孤立的关系，不可能由单一民族主体加以实施，在这个意义上，琉球问题的模糊性是不可避免的。我在上文中曾涉及两种不同的对于中国的理解，一种产生于革命、社会主义和国际主义的脉络，另一种产生于前民族国家时代的政治－文化关系，这两种视野在今天都消退了。即便偶尔被记起，也已经成为民族主义想象的一部分。20世纪的民族解放运动有着清晰的政治目标，这就是"国家要独立、民族要解放、人民要革命"，这三个方面是一个相互关联的历史进程。如果离开了其他两个条件，其中任一目标都可能走向自身的反面。比如，为了争得自己国家的独立或生存空间，不顾及其他民族——尤其弱小民族——的解放，这个国家要独立就可能演化为近代日本式的帝国主义。如果只是将民族目标放置在中心，而忽视人民的需求和地位，民族－国家现代化就只能转化为强国主义并掩盖内部的不平等；如果没有普通人民要求变革现实关系、建立新的秩序的努力，有关国家、民族的想象就常常为少数统治者所利用。因此，这三个方面是相互内在关联的政治目标和政治进程，它不能简单地等同于对国家、民族或阶级等范畴的本质性规定。在今天，20世纪政治的上述三大目标没有一个可以简单地适用于今天琉球的社会运动和政治目标。任何社会斗争都不可能离开特定的社会身份，但如果将身份政治仅仅局限于民族主义身份政治，又会产生新的扭曲——台湾的身份政治所产生的社会分裂就是一个鲜明的例证。因此，琉球的政治主体性到底是什么这个问题需要认真思考——这个思考不仅迫使我们重温历史的遗产，而且也会引导我们对21世纪的政治给出全新的回答。

2008年10月22日—2009年3月12日

跋

1

2008年3月14日，我正在香港浸会大学参加一个学术会议。从上午起，我就不断地收到一个朋友的朋友从拉萨市的商业街区发来的短信，间隔时间长短不一，有时一二十分钟，有时长一些。短信容量有限，完全限于一个人的目力和听力所及，却是身居现场者的即时报告，比任何通讯社的报道更为迅疾和真实。这个发短信的朋友是一位在拉萨做小买卖的内地人，她崇拜达赖喇嘛和西藏文化，但眼前发生的事情，让她困惑万分。身居现场的感受与主流媒体的报道之间有一道如此清晰的鸿沟，在两个世界同时激起轩然大波。不久之后，以奥运火炬传递为爆发点，围绕西藏问题的冲突，在世界各大城市相继发生，海内外的媒体为此展开了激烈的辩论。一方面，"自由西藏运动"充分地表现了他们在西方社会的动员能量，而另一方面，中国海外留学生展开了保护火炬的运动，年轻一代利用网络媒体介入国际媒体的论战，一时间风起云涌，惊涛裂岸。在这一情境中，"西藏问题"、"奥运火炬问题"或"媒体公正问题"相互纠缠，要想弄清"西藏问题"的是非曲直变得更加困难了。

4月下旬，按照原先的计划，我启程前往意大利博洛尼亚。临行前一天，4月19日，我接受了《21世纪经济报道》就"西藏问题"所做的采访。事实上，这个采访与其说是关于"西藏问题"的讨论，不如说是陈述我对如何叙述中国的看法。在写作《现代中国思想的兴起》一书的过程中，为了对清代及其周边关系进行研究，并重新思考民族主义知识的局限性，我开始阅读一些有关清代西藏问题、准噶尔问题和西南问题的文献。2000—2001年，在柏林高等研究院访问时，我正在修订《现代中国思想的兴起》一书第二册《帝国与国家》的初稿，恰好与一群历史学家共同讨论不同类型的帝国问题，如奥斯曼、莫卧尔、清朝、俄罗斯、德国等等，以检讨以民族－国家为中心框架的知识系统的局限性。在那之前，我已经写出了有关"亚洲想象的谱系"的论文，而有关清代历史的检讨使我对中国的周边区域以及连接这些区域的政治文化有了一些不同以往的认识。西藏问题与如何叙述中国的问题是相互关联的。

也是在柏林期间，我和一位欧洲藏学家之间有几次讨论，但每次都无果而终。她对中国不很了解，在涉及其他问题时都能够平心而论，但一旦涉及西藏问题，情绪总是很激烈。我的印象是：若非附和她的看法，一个中国学者就只能被视为官方代言人，而一旦被定位为后一个身份，也就没有什么好讨论的了。她的研究领域是西藏艺术史，就研究内容而言，很少涉及政治，为什么她在西藏问题上持有如此激烈的态度？在她和我之间，隔着怎样的一道知识的高墙？带着这样的问题，我在苏黎世参观了题为"梦幻世界的西藏——西方与中国的幻影"(Dreamworld Tibet — Western and Chinese Phantoms) 的展览，策展人是人类学家马丁·布拉文 (Martin Brauen) 博士，他把自己的家变成了一个有关西藏的博物馆。这是一个不同寻常的展览，因为它不像其他有关西藏的展览那样展出西藏的文化、艺术、宗教、习俗和历史文物，而是以西方如何看待西藏为中心。这使我对西方的西藏观有了不同以往的理解，也让我触摸到了我和那位藏学家之间隔着的那堵无形的高墙。这座高墙的一侧是在欧洲历史中逐渐形成的东方主义幻影，另一侧则是我自己试图突破的近代民族主义知识，而在这堵知识的高墙周边，绵延展开的则是由冷战政治造成的颓败而又坚固的壕沟。要想让人们逼近真实的"西藏问题"，就必须从拆除这个东方主义的高墙开始，否则就只能听凭那些心造的幻影控制我们的世界。从苏黎世回到柏林之后，我就开始留心相关的文献，并将阅读这些文献当作我自己思考"何为中国"这一问题时的参考资料。

2004年6月，在萧亮中的引荐之下，我去云南中甸参加"藏族文化与生物多样性"学术讨论会。这是我第一次参加以西藏为主题的会议，不但在会上认识了许多藏族和其他民族的学者，而且也在会下接触了一些藏族和其他民族的年轻人。萧亮中热心地将我介绍给他在当地的各族朋友们，而他的朋友、藏族环保人士马建中也安排了我和一些藏族青年的座谈。在会后前往德钦途中，除了与几位藏学前辈同行外，又有机会参加了他们与当地藏族青年的座谈，使我对于藏区面临的挑战、危机和可能性有了一点认识。也就是这次访问，使我在此后的几年中与有关虎跳峡水坝问题的争论结下不解之缘，我不得不多次前往云南调查和考察。藏区与我的距离突然间近了许多。2005年1月4日，萧亮中突然去世，在我和他生长的那个地区之间留下了一个难以填补的空白，但他在我与当地村民及社会运动之间连接起来的纽带，在很长的一段时间里，为我重新理解西南民族区域及中国的发展问题提供了重要的视野。

现在回想起来，我之卷入这些社会运动，除了上述这些偶然的现实契机之外，也是由长时期的理论思考所驱动的。1992—1993年，我在哈佛大学和加州大学洛杉矶分校做访问学者和博士后研究，那时美国学术界围绕少数民族、性别、后殖民、经典课程、文化多元主义等等问题正在展开激烈的辩论，自由主义、保守主义、后现代主义和各种左派理论的代表性人物纷纷就此发表高论。与这些更像是美国国内问题的讨论相比，另一些讨论也在交替展开，例如全球化问题、伊斯兰问题、原教旨主义问题、伊朗问题、加拿大魁北克独立问题、冷战结束后的移民问题等等。我一直追踪这些讨论，并在1993年参加了在芝加哥举行的一个跨文化研究项目，时间长达四十多天，其结果就是我在回国后与陈燕谷一起主编和翻译出版的论文集《文化与公共性》一书。这本书是由芝加哥的跨文化中心资助出版的，收录了当代西方有关多元文化与公共性问题的若干代表性文本。在书稿交给三联书店之后，编辑叶彤请我撰写一篇导言，时值1997年香港回归之际，而我正在香港中文大学客座研究。这本书为我思考全球化和后殖民时代中国的民族、区域和宗教问题提供了一些理论的线索——这些思考在《东西之间的"西藏问题"》的最后一节——"'承认的政治'与多民族社会的平等问题"——中有清晰的呈现。

但总的来说，我的观点比这部文集的大部分作者都更加激进。在1990年代后期，中国知识界的分化和论辩正在展开。我对"西藏问题"的思考也是对发展主义、市场扩张和社会分化及其后果的分析，"西藏问题"有其独特性，但同时也是当代中国问题的有机部分，不能孤立地加以分析。因此，与许多人在"3·14"事件后将批判的矛头指向社会主义历史不同，我更多的是在社会主义的历史性退潮以及新的市场扩张及发展主义逻辑中来分析"西藏问题"的。构成我对"西藏问题"的基本分析的，是"世俗化过程中的'宗教扩张'"、"市场化、全球化与语言危机"、"日常生活方式的巨变"、"社会流动、移民权利与民族区域的社会危机"、"'承认的政治'与多民族社会中的平等问题"，以及"后革命、发展与去政治化"等基本问题。"西藏问题"是独特的，但也是与整个中国与世界正在经历的巨变密切相关的。

在接受了《21世纪经济报道》采访后的次日，我登上了前往博洛尼亚的飞机，行囊中携带了一批有关中国民族问题和西藏历史的著作。在办理登机手续时，我的行李被指超重，我不得不忍痛将自己的一些行装打包放下，让沉重的书籍——连同我电脑中所存的资料——随我一道飞行。"3·14"事件发生后，正在康奈尔大学客座的崔之元以他的无穷精力向朋友们传送他收集到的有关西藏问题的各种文献，也给了正在行旅中的我很多方便。我不是藏学专家，深知自己对于西藏的理解十分有限；即便将这一问题放在当代的脉络中，如何表述也将是严重的问题。在博洛尼亚，我和艾柯教授（Umberto Eco）有一次联合讲演，主题是"一种新的国际主义是否可能？"（Is a new internationalism possible?），并不涉及西藏问题，但演讲后的提问部分，西藏问题仍然是一个挥之难去的话题。在这样的氛围中，我几乎每天都处于高度紧张的写作状态，字斟句酌，反复修改，除了我自己知识准备不足、不得不写写停停、补充阅读外，也的确与力求准确地表述有关。在这样的问题上，任何随意性和表述不准确，都有可能产生适得其反的效果，并造成伤害。在我的研究生涯中，反复修改是常见的，但这样紧张的写作状态是罕见的。我原计划在博洛尼亚住一个多月，然后再到剑桥停留整个夏天，但5月12日汶川地震发生，许多后续的变迁让我不能安住。我向剑桥大学的东道主请求推迟我的访问，在完成文章的初稿后，于6月初匆匆赶回北京。不久之后，《天涯》杂志在删节了部分注释后全文发表了这篇文章。即便如此，我也没有打消继续修订这篇文字的想法。一年以后，2009年夏天，我来到剑桥大学访问，从一开始，我就决定把主要的精力用于对一年前完成的初稿的改写。现在呈现给读者的，就是这次改写和修订的产物，我的动机无非是抛砖引玉，让"西藏问题"成为公开讨论的话题，以利于问题的澄清和解决。

2

在关于"西藏问题"的讨论中，我分析了民族区域及其混居性。民族区域自治不同于民族自治，其理由正在于各民族的混居、交融，民族文化多样性是以混居性为前提的。这一思考与我先前关于中国历史和亚洲问题的一些讨论有连贯性，但更集中于"区域"这一概念。在中国文化论坛和中央民族大学民族学人类学中心的支持下，我和王铭铭教授分别于2008年年底和2009年5月共同主持了"区域、民族与中国历史的叙述"（2008年12月6—7日，北京）和"跨社会体系——历史与社会科学叙述中的区域、民族与文明"（2009年5月21—23日，成都）两次会议。收入本书的《跨体系社会与区域作为方法》一文，就是根据我在这两次会议上的发言修订而成。

我用"跨体系社会"（trans-systemic society）这一概念描述中国的区域、社会与国家及其关系，但它算不上一个严谨的理论概念。在资本全球化条件下，"跨"这个前缀已经被用滥了，它代表着一种超越民族、国家、区域等等传统范畴的趋势和动向。与此不同，"跨体系社会"这一概念中的"跨"是由一系列的文化、习俗、政治、礼仪的力量为中心的，经济关系只是镶嵌在上述复杂的社会关联中的交往活动之一。如果说现代资本主义的跨国家、跨民族、跨区域活动是一种将各种文化和政治要素统摄于经济活动的力量，那么，"跨体系社会"这一概念恰恰相反，它提供的是不同文化、不同族群、不同区域通过交往、传播和并存而形成了一个相互关联的社会和文化形态。

用"跨体系的"这一术语界定"社会"也有另一层面的考虑。在"跨社会体系——历史与社会科学叙述中的区域、民族与文明"会议的开场讨论中，王铭铭借用马歇尔·莫斯（Marcel Mauss）的"超社会体系"(supra-societal systems) 概念对会议主题进行阐述，我在回应中，半开玩笑地使用了"跨体系社会"这个概念。马歇尔·莫斯所定义的"超社会体系"实际上就是由"几个社会共同的社会现象"所组成的文明概念。在莫斯和涂尔干看来，文明是经由一些中介和起源关系而长期保持关联的社会聚合体，[1]是"集体表象与实践的传播"。从这个角度看，在中国及其周边，以朝贡、外交、贸易、婚姻、宗教和语言等媒介构成的网络，亦即日本学者经常使用的汉字文化圈、儒教文明圈或东亚文明等术语，也的确可以称之为一种"超社会体系"。[2]

---

〔1〕 Marcel Mauss, *Techniques*, *Technology and Civilisation*, Nathan Schlanger, ed. New York/Oxford: Durkheim Press, Berghahn Books, 2006, p.58.

〔2〕 以上讨论参见王斯福（Stephen Feuchtwang），《文明的比较》，刘源、尼玛扎西译，彭文斌校，《探讨》2009 年第 1 期（总第 48 期），第1页。

将"超社会体系"改造成"跨体系社会"实属望文生义，我是想以之对民族区域这一范畴加以概念化。也许，这个说法不过是"半个玩笑"而已。混居地区的家庭和村庄常常包含着不同的社会体系（族群的、宗教的、语言的等等），以致我们可以说这些"体系"内在于一个社会、一个村庄、一个家庭，甚至一个人。在历史编纂学中，以一个族群、一个宗教或一个语言共同体作为叙述单位是民族主义时代的常见现象。但如果这些族群、宗教和语言是交互错杂地存在于一个区域、一个村庄、一个家庭，那么，这一叙述方式就可能造成对这一复杂关系自身的删减、夸大和扭曲。对我而言，"跨体系社会"就概括了这样一些独特的、常常为现代知识忽略或简化的历史现象，也因此提供了一种重新描述这些现象的可能性。

　　王斯福谈及"文明"概念时说："文明如同'文化'，但它强调的是文化的传播；它接近'社会'，但只是一部分，这就促使我们去思考和推断文化组成部分的惯性关联、实践和生产的方式，以及它们怎样被异地、异文明的附加成分转化的问题。文明很广泛，但并非社会、文化和物质生活的综摄概念。"〔1〕文明概念促使人们去探究文化间的传播与结合，而我借"跨体系社会"这一概念所想讨论的，不是连接多个社会的文明网络，而是经由文化传播、交往、融合及并存而产生的一个社会，即一个内含着复杂体系的社会。

从比较文化史的角度看，基督教与儒家思想在界定什么是文化上的欧洲或文化上的中国时的角色大致相似，但不同之处何在？王国斌有一个洞见，他说："基督教超越了欧洲民族国家的政治边界，而儒家思想将文化边界和政治边界都融合在一个单一的（尽管是复杂的）综合体中。……如果我们假定政治和文化的融合是现代民族主义的一个独有特征，我们会面临将中华帝国的政治建构策略视为'现代的'这一窘境。"〔2〕按照这一观察，基督教界定了文化上的欧洲，但无法形成文化

---

〔1〕 以上讨论参见王斯福（Stephen Feuchtwang），《文明的比较》，刘源、尼玛扎西译，彭文斌校，《探讨》2009 年第 1 期（总第 48 期），第 1 页。

〔2〕 王国斌：《两种类型的民族，什么类型的政体？》，见卜正民（Timothy Brook）、施恩德（Andre Schmid）编：《民族的构建——亚洲精英及其民族身份认同》（*Nation Work*, *Asian Elites and National Identities*），陈城等译，长春：吉林出版集团有限责任公司，2008年，第 134—135 页。

与政治的统一，直到民族主义的时代，文化边界与政治边界才被综合在民族－国家的框架之下。与此相对照，中国作为一个复杂却单一的综合体就是以儒教文明为前提的。这一描述提供了一种区别于民族国家的"文明国家"形态。在某种意义上，它既是中国的历史形态，也是欧洲构想中的未来形态。

这里的关键是如何理解"儒家思想"——它是一种可以与其他思想和价值相互协调的政治文化（从而也就可以从其他的角度界定其特征），还是相对单一的价值体系？由于儒家文化甚至中国文明等概念在我们的日常用途中趋于单一化（如将中国文明与基督教文明、伊斯兰文明并举，实际上将中国文明界定为一种相对单纯的儒教文明），如何解释中国社会中的非儒家文化体系就会成为一个问题。这在18世纪以后的清朝尤为突出。清王朝的统一以儒家文化为中心，但并不建立在单一文化、单一宗教甚至单一文明之上，恰恰相反，清代是一个跨文化的、跨宗教的、跨文明的"跨体系社会"——既包含着多重体系，又构成了一个富于弹性的社会。对于中原地区、蒙古、西藏、回部或西南边疆地区而言，皇帝既是他们的内部统治者（对于中原内地而言是皇帝、对蒙古而言是大汗、对满洲而言是族长、对西藏而言是文殊菩萨转世等等），也是萨林斯（Marshall David Sahlins）所谓"陌生人－王"（stranger-king）。说到底，皇权并不只是某一区域的内部统治者，他的身份的"跨体系"性质才是整个帝国合法性的源泉。因此，当我们讨论中国历史中的文化边界与政治边界的综合与统一时，需要对"文化"或"文明"重新加以界定——不是按照宗教、语言、种族或其他单一要素加以界定，而是将其视为"跨体系社会"的日常生活、习俗、信仰、价值、礼仪、符号及政治体系的综合体。在这个意义上，与其说是儒家思想，不如说是能够将儒家传统、藏传佛教、伊斯兰文化等等"体系"综合在一起的政治文化，实现了中国的文化边界与政治边界的统一性。

这并不否认儒家文化在王朝政治中的主导性。但就连接中国社会的各种丰富线索而言，儒家文化不足以表述清朝政治疆域与文化疆域的统一。正如上述皇权的多面性一样，清代政治文化是在多重文化的交互作用中产生的。从这个角度说，正是跨体系社会及其对文化的界定本身导致了文化与政治边界的统一——在跨体系社会中，文化必然是政治的。对于儒家而言，政治就是礼教的活动和过程，它的理想功能是创造一个共同（而又和而不同）的世界。

讨论跨体系社会不可能不涉及政治结构。康德在谈到国家的时候说："国家是一个人类的社会，除了它自己本身而外没有任何别人可以对它发号施令或加以处置。它本身像是树干一样有它自己的根茎。"[1]但康德的国家概念与民族国家有着重叠关系。如果把这一论断放到中国历史中，我们可以说，作为一个人类社会的国家是一个跨体系的政治结构，只有在它的统一性与跨体系性相互重叠的时候，我们才能将这个国家称之为"一个人类社会"——这个人类社会是由若干相互渗透的社会以独特的方式联结起来的。"一个"的含义只能在"跨体系"的意义上理解，而不能在"反体系的"或"整一的"意义上理解。作为"一个人类社会"的国家不但涉及物质文化、地理、宗教、仪式、政治结构、伦理和宇宙观及想象性世界等各种要素，而且还要将不同体系的物质文化、地理、宗教、仪式、政治结构、伦理和宇宙观及想象性世界连接起来。在这个意义上，"跨体系社会"不但不同于从"民族体"的角度提出的各种社会叙述，也不同于多元社会的概念——较之于多

---

〔1〕 康德：《永久和平论》，见《历史理性批判文集》，何兆武译，北京：商务印书馆，1991年，第99页。

元一体概念，它弱化了体系作为"元"的性质，突出了体系间运动的动态性。体系是相互渗透的体系，而不是孤立存在的体系，因此，体系也是社会网络的要素。"跨体系社会"的基础在于日常生活世界的相互关联，但也依赖于一种不断生成中的政治文化，它将各种体系的要素综合在不断变动的关联之中，但并不否定这些要素的自主性和能动性。

如果"儒家思想"在清朝居于主导的地位，那恰好是因为"儒家思想"具有更为深刻的政治性质，它善于穿针引线，将其他体系精巧地编织在富于弹性的网络之中，而又并不否认这些"体系"自身的独特性。儒教社会并不要求西藏、蒙古或其他地区按照儒家伦理–政治原则和礼仪系统规范自身的社会关系。在边疆属地、尤其是少数民族地区，王朝没有将自身的政教关系和法律体制强加在地方性关系之中，所谓从俗从宜，即根据具体情境和社会变迁，协调统一王朝与地方性秩序之间的关系。王朝用儒家天下观念解说朝贡关系，但也预留了其他社群对这一关系进行弹性解释的可能性。清代皇权在藏传佛教与儒家思想之间达成的平衡就是一个例证。如果清朝皇帝可以被西藏社会视为文殊菩萨转世，那么，藏族社会内部也必定存在着灵活界定内外关系的政治文化（即便这一政治文化以宗教信仰或当地习俗和礼仪的形式出现，也必然是政治的，因为它必须处理不同社群之间的关系，并提供相应的制度形式）。事实上，朝贡－藩属－藩地等关系并不是均质的，它总是根据参与者的特征而产生变异。因此，儒家思想的政治性就表现在它对自身边界的时而严格时而灵活的持续性的界定之中。依据不同的形势，夷夏之辨、内外之分既是严峻的，又是相对的，不同时代的儒者－政治家根据不同的经典及其解释传统，不但提出过一系列解释，而且也将这些解释转化为制度性的和礼仪性的实践。当然，这只是一种理想型的描述，在实际的历史变动中，中央与地方关系持续地发生着变化，渗透、支配、排斥和斗争（如战争、改土归流等等）同样贯穿着整个历史进程。

如果将文化边界与政治边界的关系不是放置在"中国"的范畴内，而是放置在亚洲区域的范畴内，认为"儒家思想将文化边界和政治边界都融合在一个单一的（尽管是复杂的）综合体中"的论断就会面对如何界定政治边界的挑战。我们可以从两个不同的方向观察这一问题。首先，日本、朝鲜半岛、琉球、越南等等都在所谓儒教文化圈和汉字文化圈之中，但并未因此形成"一个单一的（尽管是复杂的）综合体"。当明治日本和昭和日本试图以此作为其大东亚扩张计划的根据时，遭到了这一区域内各国家和民族的激烈抵抗。其次，与琉球、朝鲜半岛和越南等深受儒家文化和汉字文化影响的地区相比较，西藏、蒙古、回部等中国王朝（以及继之而起的现代国家）的有机部分并不在儒教文化圈或汉字文化圈内。在欧洲民族主义影响下，蒙古、西藏、回部分别产生过统一与分裂的问题，但无论是中国的保皇党人还是革命党人，在努力寻求中国的统一方面并无根本分歧。在整个 20 世纪，曾产生过各不相同的政治主张，它们之间的分歧均与如何解释作为"中国"的"跨体系"特征并创造相应的政治－法律体系有关。

从区域的视野观察，儒教之于东亚的角色毋宁与基督教之于欧洲的角色十分相似，它对东亚地区的文化特征的界定并未与政治边界相互重叠。从某种意义上说，两者之间的差别恰好在于基督教文明对于两者边界的统一具有内生的渴望，而儒教文明圈虽然具有某些趋同性，但并不强烈地追求两者的政治统一，它以另一种方式将不同的王朝连接成为一个"跨社会体系"，其最为显著的标志就是由中心－边缘关系构成的所谓朝贡网络。由于滨下武志等日本学者的努力，作为一种区别于欧洲民族国家体系的亚洲区域模式，朝贡体系已经得到学术界的广泛重视。在文化史领域，也有学者进而将朝贡贸易与儒教文化圈、汉字文化圈等概念相互关联。这类以儒学为中心的朝贡体系图景大多以"东亚"作为一个区域单位，并循海洋朝贡和移民路线，从东北亚地区扩展至东南亚地区。但是，朝贡体系并不必然与儒学、汉字文化或相同的宗教信仰相互重叠，它同样存在于中亚和喜马拉雅地区。西藏、尼泊尔、不丹、锡金、拉达克、缅甸不仅与中央王朝之间存在着性质各不相同的朝贡－藩属或朝贡－属地关系，它们之间也存在着交叉和复杂的藩属与朝贡关系。由于"跨体系社会"与"跨社会体系"都不以文化同质性作为唯一的存在根据，它们之间相互交叉渗透也就是自然的了。

"跨体系社会"和"跨社会体系"都不是静态结构，而是动态过程。任何离开历史的变动、权力关系和人的活动来理解区域、中国和亚洲等历史范畴的方式，都是没有意义的。在 20 世纪的急剧变动中，塑造区域、中国和亚洲的力量已经是全球性的，民族国家成为主导的模式，在战争、革命与社会流动中产生了新的社会关系和国家形态，社会的跨体系性和内部差异显著地缩小了。因此，要想对当代中国和亚洲地区的复杂关系加以阐释，就有必要思考20世纪在重新塑造中国的主权、人民、区域关系中的巨大的作用。但即便如此，就区域内或区域间关系而言，"跨体系社会"或"跨社会体系"等概念还是可以提供一个观察、理解和反思历史关系的独特视角——在漫长的中国革命和改革之后，中国社会内部的"跨体系性"仍然是一个重要的现象。

3

与我以往的写作不同，这本小书的形成并不是事先计划的结果。收入本书的三篇文章的主要思想在我先前的研究中都可以找到脉络，但形成独立的论文却纯属偶然。没有"3·14"事件的触动，我不大可能正面讨论"西藏问题"。我首先要感谢博洛尼亚大学人文研究所和剑桥大学艺术、社会与人文学科中心的邀请，使我有机会专心写作和修订《东西之间的"西藏问题"》一文。感谢《21世纪经济报道》、《天涯》杂志、《中国社会科学》(内部文稿)和日本的《现代思想》杂志发表此文的不同版本。羽根次郎先生为翻译这篇文章付出了很大的努力。感谢崔之元，他源源不断地传来各种文章资料，使我受益无穷；我们也不止一次就西藏问题进行讨论。感谢李元槿教授、姚洋教授和潘蛟教授，他们分别邀请我就"西藏问题"在南洋理工大学、北京大学和中央民族大学发表公开演讲，让我有机会与许多专家和同学进行面对面交流。沈卫荣教授和石硕教授是藏学专家，他们分别审阅了全稿，并提出了修改意见；沈卫荣教授给我写了近万言的长信，在广阔的范围内，对相关问题进行阐述，并提出中肯的建议，其中有关西方藏学界围绕东方主义问题的争论、西藏在中国历史中的地位问题及"大藏区"问题的讨论最为集中，为我的进一步修订提供了重要的依据。此外，胡志德（Theodore Huters）、王超华、靳大成、林春、王晓明、李陀、刘禾、吕新雨等友人都曾阅读文稿，并提出有益的建议。

关于琉球的讨论也是偶然的。2005 年秋季至 2006 年春天，我在东京大学担任客座教授。在回国之前，村田雄二郎教授陪同我去琉球访问，也因此结识了冈本由纪子等琉球知识分子和社会运动人士。2008 年 8 月 26—27 日，若林千代、冈本由纪子、上间加那惠等琉球人士到北京访问，在丸川哲史先生的安排下，他们与来自北京、广州的学者，以及日本的著名杂志《现代思想》的主编池上善彦先生一道召开了"知识的亚洲和现实的亚洲·冲绳会议"。我被邀请与会，并对几位琉球人士的发言发表评议。会议之后，《开放时代》在安排发表几位琉球人士的论文时，希望我将评议也整理出来，以利于中国读者对琉球问题的理解。我对琉球并无研究，难于置喙，因此对于吴重庆先生的要求非常迟疑，只是在丸川哲史先生的一再要求之下，才勉强应承以对谈的方式说一点我对琉球问题的理解。在那篇访谈稿完成之后，我先后在斯坦福大学和加州大学伯克利分校访问，几乎每天都在东亚图书馆阅读和写作，也就便查阅了与琉球相关的美国外交档案和中华民国外交档案，并专门去胡佛研究所查阅了蒋介石日记的有关部分，在回国之前，补写了有关开罗会议中的琉球问题一文。《开放时代》的吴铭先生在编辑此文时为帮我核查人名，付出了极大的努力。回国之后，我将两篇文章加以综合，形成了《琉球与区域秩序的两次巨变》一文，交由张翔先生具体负责编辑事务的《中国经济》杂志发表。我也感谢林少阳、韩东育、王中忱、刘晓峰、高瑾诸位，他们在阅读过程中曾分别提出建议和意见。2009 年 9 月 29 日，应清华大学日本学研究中心李廷江教授邀请，我和山室信一教授一道发表演讲，山室信一教授和李廷江教授的评论也使我十分受益。

我也十分感谢董秀玉和中国文化论坛的支持，我与王铭铭教授主持的有关民族区域问题的两次会议，就是由中国文化论坛和中央民族大学民族学人类学中心联合资助的。与王铭铭、舒炜等友人的多次讨论和两次学术会议，都对《跨体系社会与区域作为方法》一文的写作和修改提供了重要的契机。我在此对他们及所有与会者一并表示感谢，也感谢《新史学》和黄兴涛先生为发表此文所做的努力。

西藏问题、琉球问题及区域问题的讨论为我的研究打开了一个新的空间，许多新的问题、新的知识和新的朋友因此进入了我的视野。但我也深知，由于学识所限，这些文章并不成熟，我期待着专家和读者的批评。

2010 年 1 月 25 日

参考书目

编者按：以下书目主要以本书提及的为限，并略做分类；每类之中大致以问世年代（译著部分按翻译出版时间）先后为序。

相关史事

《辛亥革命前十年间时论选集》第 1 卷，北京：三联书店，1978

《中外旧约章汇编》第 1 册，王铁崖编，北京：三联书店，1982

《西藏文史资料选辑》第七辑，拉萨：西藏自治区政协文史资料研究委员会编，1985

《1949—1966 中共西藏党史大事记》，中共西藏自治区党史资料征集委员会编，拉萨：西藏人民出版社，1990

《中华民国外交史料档案汇编》，国立编译馆主编，渤海堂文化公司印行，1996

《六十年来中国与日本》（第一卷），王芸生编著，北

京：三联书店，2005

中文论著

《公民自治篇》，康有为著，《康南海官制议》卷八，上海：广智书局，1905

《孙中山全集》第 2 卷，北京：中华书局，1982

《静的文明与动的文明》，伧父（杜亚泉）著，《东方杂志》第十三卷第十号（1916 年 10 月）

《中国民族的形成》，李济著，南京：江苏教育出版社，2005

《夷夏东西说》，傅斯年著，见《傅斯年全集》第三卷，长沙：湖南教育出版社，2003

《隋唐制度渊源略论稿》，陈寅恪著，《陈寅恪史学论文选集》，上海：上海古籍出版社，1992

《顾颉刚学术文化随笔》，顾洪编，北京：中国青年出版社，1998

《艽野尘梦》，陈渠珍著，拉萨：西藏人民出版社，1999

《中国之命运》，蒋中正著，重庆：正中书局，1943 年 3 月

《周恩来选集》下卷，北京：人民出版社，1984

《周恩来统一战线文选》，北京：档案出版社，1984

《关于我国的民族识别问题》，费孝通著，《中国社会科

学》1980年第1期

《帝国主义与中国海关》，北京：中华书局，1983

《达赖喇嘛传》，牙含章著，北京：人民出版社，1984

《民族研究文集》，北京：民族出版社，1988

《中华民族多元一体格局》，费孝通等著，北京：北京民族学院出版社，1989

《清朝驻藏大臣制度的建立与沿革》，吴丰培、曾国庆著，北京：中国藏学出版社，1989

《西藏文明东向发展史》，石硕著，成都：四川人民出版社，1994

《近代中英西藏交涉与川藏边情——从廓尔喀之役到华盛顿会议》，冯明珠著，台北：国立故宫博物院印行，1996

《英国与中国边疆危机》，高鸿志著，哈尔滨：黑龙江教育出版社，1998

《中国少数民族革命史》，罗开云等著，北京：中国社会科学出版社，2003

《地区主义：理论的历史演进》，肖欢容著，北京：北京广播学院出版社，2003

《现代中国思想的兴起》，汪晖著，北京：三联书店，2004

《藏彝走廊：历史与文化》，石硕主编，成都：四川人民出版社，2005

《元以来西藏地方与中央政府关系研究》，邓锐龄、陈庆英、张云、祝启源著，北京：中国藏学出版社，2005

《中国共产党民族政策史论》，何龙群著，北京：人民出版社，2005

《藏彝走廊研究中的几个问题》，李绍明著，《中华文化论坛》2005年第4期

《发现西藏》，柏朗嘉宾著，中国藏学出版社，2006

《费孝通论藏彝走廊》，李绍明著，《西南民族学院学报》（2006年1月）第27卷第1期

《岩仓使团与日本现代化》，解晓东著，《渤海大学学报》（哲学与社会科学版）第26卷第2期（2006/03）

《去政治化的政治》，汪晖著，北京：三联书店，2008

《从蒋介石日记看抗战后期的中英美关系》，王建朗著，《民国档案》2008年第4期

《经济发展中的贫富差距问题——区域差异、职业差异和族群差异》，马戎著，《北京大学学报》（哲学与社会科学版）2009年第1期

相关译著

《征韩论实相》，烟山专太郎著，楚南拾遗社，1909年

译印

《西藏之过去与现在》，柏尔著，上海：商务印书馆，1930

《日本外交史》上卷，信夫清三郎著，北京：商务印书馆，1980

《英国侵略西藏史》，荣赫鹏著，拉萨：西藏社会科学院资料情报研究所编印，1983

《罗斯福与美国对外政策》，罗伯特·达莱克著，北京：商务印书馆，1984

《永久和平论》，康德著，《历史理性批判文集》，北京：商务印书馆，1991

《历史上所见的南北中国》，桑原骘藏著，见《日本学者研究中国史论著选译》（一），北京：中华书局，1992

《资本主义殖民地体制的形成与亚洲——19 世纪 50 年代英国银行资本对华渗入的过程》，滨下武志著，上海：上海古籍出版社，1995

《菲利普二世时代的地中海和地中海世界》（两卷本），布罗代尔著，北京：商务印书馆，1996

《近代中国的国际契机——朝贡贸易体系与近代亚洲经济圈》，滨下武志著，北京：中国社会科学出版社，1999

《近代日本的中国认识》，野村浩一著，北京：中央编译

出版社，1999

《东方学》，爱德华·W.萨义德著，北京：三联书店，1999

《中华帝国晚期的城市》，施坚雅主编，北京：中华书局，2000

《民族与民族主义》，霍布斯鲍姆著，上海：上海人民出版社，2000

《民族与民族主义》，厄内斯特·盖尔纳著，北京：中央编译出版社，2002

《政治的概念》，卡尔·施密特著，上海：上海人民出版社，2003

《大分流：欧洲、中国及现代世界经济的发展》，彭慕兰著，南京：江苏人民出版社，2003

《论人类的不同种族》，康德著，《康德著作全集》第2卷，北京：中国人民大学出版社，2004

《关于美感和崇高感的考察》，康德著，《康德著作全集》第2卷，北京：中国人民大学出版社，2004

《和尚与哲学家》，让－弗朗索瓦·勒维尔、马蒂厄·里卡尔著，南京：江苏人民出版社，2005

《喇嘛王国的覆灭》，梅·戈尔斯坦著，北京：中国藏学出版社，2005

《中国的亚洲内陆边疆》，拉铁摩尔著，南京：江苏人民出版社，2005

《精神哲学》，黑格尔著，北京：人民出版社，2006

《民族的构建——亚洲精英及其民族身份认同》，卜正民、施恩德编，长春：吉林出版集团有限责任公司，2008

《近代中国的民族认识和内面化了帝国性》，柳镛泰著，打印稿

西文部分

An Account of the Kingdom of Nepal , Being the Sub-stance of Observations Made during A Mission to that Country in the Year 1793, by W.Kirkpatrick , London, 1811

CHIANG KAI - SHEK , An Inventory of His Diaries in the Hoover Institution Archives , 43 - 10 （November, 1943）

Foreign Relations of the United States （FRUS）,1947, Ⅶ , Tibet , *The Charge in India* （Merrell ） *to the Secre-tary of State.The acting Secretary of State to the Charge in India* （Merrell ）

Festival of the White Gauze Scarves ： *A Research Expedition through Tibet to Lhasa, the holy city of the god realm*, by Ernst Schafer, 1950

United States Department of State /Foreign relations of the United States diplomatic papers, *The Conferences at Cairo and Tehran*, *1943* (1943) (DC: Government Printing Office, 1961)

The morning of the magicians, by Louis Pauwels andand Jacques Bergier, 1962

Ideen zur Philosophie der Geschichte der Menschheit, by Johann Gottfried Herder, Bd.1 und 2. Herausgegeben von Heinz Stolpe, Berlin und Weimar, 1965

The International Politics of Regions: A Comprehensive Approach, by L.J.Cantori and S.L.Spiegal, Eaglewood Cliffs, N.J.Prentice-Hill, 1970

Narratives of the Mission of George Bogle to Tibet and of the Journey of Thomas Manning to Lhasa, Clements R.Markham, ed., New Delhi, 1971

The morning of the magicians, by Louis Pauwels & Jacques Bergier, May Flower Books, 1972

British India and Tibet 1766−1910, by Lamb, London & New York, 1986

"Hitler's Racial Ideology: Content and Occult Sources."

by Jackson Spielvogel & David Redles (1986), *Simon Wiesenthal Center Annual* 3

The Tyranny of History : *The Roots of China's Crisis*, by W.J.F.Jenner, London: The Penguin Press, 1992

The Spirit of Chinese Politics, by Lucian W.Pye, Cambridge, MA: Harvard University Press, 1992

Multiculturalism, by Charles Taylor, K.Anthony Appiah, Jurgen Habermas, Steven C.Rockefeller, Michael Walzer, Susan Wolf, Princeton, New Jersey: Princeton University Press, 1994

Mythos Tibet: *Wahrnehmungen*, *Projektionen*, *Phantasien*, ed.Thierry Dodin and Heinz Raether, Koeln: DuMont 1997 (该书英文版更名为 *Imaging Tibet* : *Realities*, *Projections*, *and Fantasies*, Boston: Wisdom Pub, 2001)

Prisoners of Shangri-la : *Tibetan Buddhism and the West*, by Donald Lopez Jr., Chicago: University of Chicago Press, 1999

Virtual Tibet : *Searching for Shangri-la from the Himalayas to Hollywood*, by Orvile Schell, New York:

Metropolitan Books, 2000

Helena Blavatsky. Edited and introduced by Nicholas Goodrick-Clarke.Western Esoteric Masters Series.North Atlantic Books, Berkeley 2006

Cultural Genocide and Asian State Peripheries, ed. Barry Sautman, Gordonsville, VA, USA, Palgrave Macmillan, 2006

Tibet in 1938 – 1939: Photographs from the Ernst Schafer Expedition to Tibet, by Isrun Engelhardt, Chicago: Serindia Publications, 2007

A Secular Age, by Charles Taylor, Cambridge: Harvard University Press, 2007

Tibet in 1938 – 1939 : Photographs from the Ernst Schafer Expedition to Tibet, by Isrun Engelhardt, Chicago: Serindia Publications, 2007

日文部分

《岩仓使节的研究》，大久保利谦著，宗高书房，1976

《美欧回览实记》第三卷，久米邦武著，岩波书店，1981

人名及条约索引